影响世界的

YINGXIANGSHIJIEDEDAFAMINGJIA

大发明家

主编 田战省

吉林出版集团
北方妇女儿童出版社

图书在版编目（CIP）数据

影响世界的大发明家/ 田战省主编. —长春：北方妇女
儿童出版社，2010.12
（影响世界的名人系列）
ISBN 978-7-5385-5138-9

Ⅰ.①影… Ⅱ.①田… Ⅲ.①科学家—生平事迹—世界
—通俗读物 Ⅳ.①K816.1-49

中国版本图书馆 CIP 数据核字（2010）第 227039 号

影响世界的 大发明家

主　　编　田战省
出 版 人　李文学
总 策 划　刘　刚
责任编辑　金敬梅　熊晓君
开　　本　787mm×1092mm　16 开
字　　数　260 千字
印　　张　13
版　　次　2011 年 1 月第 1 版
印　　次　2014 年 4 月第 4 次印刷

出　　版　吉林出版集团　北方妇女儿童出版社
发　　行　北方妇女儿童出版社
地　　址　长春市人民大街 4646 号
　　　　　邮编：130021
电　　话　编辑部：0431-85634730
　　　　　发行科：0431-85640624
网　　址　http://www.bfes.cn
印　　刷　长春金源印刷有限公司

ISBN 978-7-5385-5138-9　　　　定价：38.80 元

人类的好奇心就像我们未知的世界一样永无止境。当我们回首往昔，再抚摸那些落满了尘埃的烙印，突然发现历史竟是一块金子，轻轻掠去浮尘却依然熠熠生辉。千百年来，追寻未知的文明点燃了发明家的梦想，他们在各自的领域里进行执著地探索和研究，从而给人类带来了改变世界的发明。

本书选择了 10 个最有代表性的发明家：瓦特发明了蒸汽机，从而揭开了工业革命的序幕；莱特兄弟怀着对蔚蓝色天空的向往，开创了一个航空航天的新时代；意大利发明家马可尼用赫兹波成功地传送信号，从而使处于摇篮时代的无线电事业布满了全球……在尊重历史真实性的基础上，本书向读者立体地凸显人物的生平和杰出的事迹，达到了史实叙述准确，融知识性与可读性于一体，揭示人物的精神经历和心灵升华，给读者以深刻的启迪和感悟。

本书除了公正地评价他们的人格和贡献外，还配以大量珍贵的历史图片，希望能使读者清晰地看到世界发展的轨迹，感受到每一个伟大时代的精神，牢记历史带给我们的经验和教训。让我们在对已经逝去的人们的凭吊中，期盼着更为光辉的人物出现。

目录

目录

富兰克林

Franklin

　　富兰克林不仅是 18 世纪美国的社会活动家、思想家和外交家，同时也是美国历史上第一位享有国际声誉的科学家和发明家。作为科学家，富兰克林始终遵循科学造福人类的原则，揭开了雷电的秘密，发明了避雷针；作为政治家，富兰克林为美国人民争取独立和自由的斗争，功勋不朽。

　　纵观富兰克林的一生，人们会惊奇地发现这样一件事实：富兰克林在他前 51 年的自然科学和人文领域的贡献与其后 23 年为美利坚国家的贡献，犹如一架完全平衡的天平两边，风景哪边更好，难以断言。或许我们只能说，同自然科学一样，改进并解放人类自身同样是一门学问，一种科学。

少年时代

富兰克林的家

17 06年1月6日，美国波士顿米尔克大街的约赛亚·富兰克林家中生了一个男孩。父亲约赛亚十分高兴，为儿子起名为本杰明·富兰克林。

富兰克林出生的时候，北美还是英国的殖民地，那里居住着土著印第安人，还有来自世界各地的移民。约赛亚为逃避宗教迫害，于1693年夏末，变卖了所有的家产，离开了他世代相袭的祖居地，远涉重洋来到波士顿。

约赛亚原是个染匠，可是来到波士顿后，他发现这个行业一直无人问津，于是他便改行从事肥皂业和蜡烛业。由于他精于商道，恪守信用，人也正直善良，所以生意越做越好，很快成了波士顿一位小有名气的商人。

约赛亚共结过两次婚，前妻玛丽死于产褥热。富兰克林的母亲阿拜亚是他的第二任妻子。阿拜亚出身书香门第，是一位贤淑善良、通情达理的女子。她一共生了10个孩子，富兰克林是男孩子中最小的一个。

富兰克林天资聪颖，在他8岁的时候，父亲送他去了一所文法学校上学。在学校里，富兰克林勤奋好学，成绩名列前茅。然而，就在他以优异的成绩升入三年级的时候，迫于生活压力，父亲不得不重新考虑富兰克林的教育问题。他想，即使将来富兰克林能考上大学，家里也难以供养，不如让他学一些切合实际的东西。

富兰克林在哥哥的印刷所里卖力地工作，但却未能得到哥哥的认可。

最后，几经波折，约赛亚终于为富兰克林选定了印刷业，因为他发现富兰克林很喜欢读书，而他的另一个儿子詹姆斯刚好开了一家印刷所。

詹姆斯比富兰克林大9岁，曾经在英国伦敦学习过印刷术，学成之后，自己买了印刷机和铅字，在波士顿开了一家印刷所。富兰克林想到能在印刷所里读到好多书，就听从了父亲的安排。约赛亚把这次安排看得非常重要，按照当时的惯例，他亲自拟订合同，自己做公证人。

学徒的生活非常辛苦，但富兰克林并不在意，他刻苦学习印刷技术，很快掌握了排版、印刷、装订等各项技术，他还不时地对工艺进行改革，加以创新，

波士顿是美国最古老、最有文化价值的城市之一。这里曾是一个重要航运港口和制造业中心。美国革命期间的一些重要事件就发生在这里。上图为19世纪70年代波士顿港口景象。

并帮助哥哥扩大经营,很快成为哥哥的好帮手。

尽管富兰克林每天要工作10多个小时,可他仍然一有空就开始看书。在印刷所里,他能读到一些新书,但大部分是宗教宣传方面的,远远不能满足富兰克林的需要,不过由于业务关系,富兰克林认识了书店里的几个学徒,他可以通过他们借书店中的书看。由于在书店中借书有时要迅速归还,因此,为了第二天能够还书,富兰克林往往读到深夜,有时甚至一直读到天亮。

独闯费城

1720年8月,富兰克林的哥哥詹姆斯在一片反对和嘲笑声中创办了北美第二份报纸《新英格兰报》。

《新英格兰报》创办不久,便以它新颖的题材和对时政的辛辣讽刺赢得了众多的读者,发行量很快大增。这使得富兰克林比以前更加繁忙了。但他却非常兴奋,常常被报纸上的文章所吸引。看到哥哥的一些好友为报纸撰稿,听到他们对一些文章的评论,富兰克林也跃跃欲试。然而詹姆斯虽然事业心强,但他却心胸狭隘,经常责骂弟弟。

富兰克林决定用匿名形式写文章。首先他写了一篇《海之歌》的短文,然后趁夜半更深无人之际将文章悄悄从印刷所的门缝里塞进去。第二天,詹姆斯发现了那篇文章,看过后赞不绝口,又让他的几位朋友阅读,他们都对文章给予了高度的评价。富兰克林听后暗自高兴。此后他又用同一名字写了几篇文章,结果都被采用了,并成了人们关注的焦点。

结果,詹姆斯知道了事情的真相,他非但没有高兴,反而十分恼怒,他认为富兰克林玷污了师徒的名分,不该欺瞒他,因此,对富兰克林大加责难。

1723年,由于《新英格兰报》对时事的猛烈抨击,惹恼了议会。当局下令,严禁詹姆斯继续出版任何报纸。詹姆斯的朋友为他想出了一个应付当局的绝妙主意。即对外宣布詹姆斯与富兰克林解除师徒关系,报纸改由本杰明·富兰克林的名义出版,双方暗中再另立一份师徒合同。

这样《新英格兰报》得以继续发行,

而且发行量大增，成为备受读者喜爱的报纸。但兄弟俩之间的矛盾更加激化，富兰克林无法忍受兄长的专制与跋扈，他决定离开哥哥的印刷所，另谋出路。这使得詹姆斯非常生气，为了能够继续控制富兰克林，他不辞辛苦，四处游说，说服城里的每一个印刷所都不要雇用富兰克林。富兰克林非常伤心，于是，他决定离开波士顿，到外面去闯荡世界。

1723 年 10 月的一个夜晚，17 岁的富兰克林瞒着亲人，独自踏上了闯荡世界的征程。

在纽约做了短暂的停留，富兰克林就去了费城。在费城，他在一个叫凯默·基维尔的印刷所找到了工作。基维尔的印刷所只有一台旧式的印刷机和一些磨损严重的铅字，虽然他对印刷业还一知半解，但他决心在这一行业上干出一番事业来。

白天，富兰克林在印刷所里忙于印刷业务，排字、印刷、装订、修理机械和处理各种事务，把印刷所料理得井井有条，基维尔对此十分满意。夜晚，富兰克林回到自己的住处，简单地吃些食物，便开始读书。

虽然，基维尔付给富兰克林的薪水并不多，但由于费城物价较低，再加上富兰克林在生活上十分节俭，所以，他的生活较为安适。除了买书，他还为自己存了一笔钱。这期间，富兰克林与房东的女儿李德小姐产生了感情。

一天，富兰克林意外地收到了姐夫罗伯特·霍尔姆斯的一封来信。信中说，自从富兰克林出走后，家中的亲人非常想他，要他见信后，务必念及父母亲情，立刻动身回家。

看过信后，富兰克林立刻给姐夫写了一封长长的回信。详细地说明了他离开波士顿的理由及

富兰克林与李德小姐日久生情，当他向李德小姐求婚时，李德小姐的母亲认为两人都还只有 18 岁，所以没有立刻答应。富兰克林只好和李德小姐做了简短地告别，坐船离开了费城。

和波士顿一样，费城是美国古老的城市之一，在美国史上有非常重要的地位。1790—1800 年这里作为美国首都，著名的《独立宣言》就是在这里起草与签署的。上图为 1876 年的费城。

留在费城的前后经历，并告诉姐夫他没有忘记父母的养育之恩，待事业有成后一定回家探望。

罗伯特收到这封信后，恰巧宾夕法尼亚州总督威廉·济兹先生也在场。罗伯特向他讲述了富兰克林的事，并把那封信给总督看。总督看了富兰克林的信后，深深地被他流利的文笔以及深刻的思辨所折服。他认为富兰克林是一个才智过人的青年，如果给予他适当的帮助和扶植，他很快就能成就一番大事业。于是，总督告诉罗伯特，如果富兰克林能开一家新的印刷所，他就会利用自己的权限帮富兰克林揽一些生意。罗伯特听后非常高兴，当面向威廉总督致谢并帮他联系富兰克林。

威廉总督很快找到了富兰克林，在基维尔印刷所街对面的一个小酒馆里，威廉说明自己的来意，并告诉富兰克林只要他能得到父亲的资助，其他方面他可以给予帮助。

富兰克林非常激动，并一边着手做回家的准备。1724 年 5 月底，富兰克林向基维尔告了假，怀揣着总督给父亲的一封信踏上了回家的旅程。

经过数天颠簸，富兰克林终于回到了波士顿。面对儿子的突然归来，富兰克林的父母异常兴奋，兄弟姐妹们围坐在一起，热烈地谈论着。富兰克林讲述了他离家后的经历，讲了费城的风土人情，还讲了李德小姐的贤淑美貌，但他对自己受的苦却只字未提。

接下来的几天，富兰克林与父亲谈起了自己今后的打算，并把总督的信交给父亲看。一生经历坎坷的约赛亚，对此事感到非常惊讶，他将信反复看了几遍，考虑了很久。最后，他和儿子进行了一次长谈。他觉得富兰克林还年轻，目前应脚踏实地地干工作，等积累了丰富的经验和知识再去独立干自己的事情，而不要草率行事。为此，父亲约赛亚还给威廉总督写了封回信，十分客气地拒绝了他帮助富兰克林开办印刷所的建议。富兰克林尽管觉得父亲的话很有道理，但他心里并未完全接受，他只是表面上答应了父亲。

在家里住了一段时间，富兰克林又回到了费城。总督对约赛亚拒绝为儿子建立印刷所的事感到非常遗憾，于是，他又找到富兰克林，说他愿意支持富兰克林，给富兰克林提供建立印刷所所需要的全部资金，并让他开一张所需设备的清单，然后到伦敦采购。

富兰克林很快将清单列好，算起来总共需要100英镑。总督看了很满意，并答应写一份购买设备的信用保证书给他在伦敦的朋友，让他们帮忙办这件事。富兰克林对总督深信不疑，开始为旅行积极做准备。但是，开船的日子眼看要到了，富兰克林仍没有拿到他所需要的信用保证书，为此，他找了总督好几次，但始终没有拿到。直到富兰克林快要动身了，总督派人告诉他让他先上船，信随后就到。就这样，富兰克林告别了费城，乘船去了伦敦。结果，在到了伦敦以后，富兰克林才知道自己被总督给骗了。

富兰克林十分懊恼，但这次经历也使他体味到了人生的艰难，他终于明白父亲之所以拒绝总督帮助的缘故了。世上没有轻易到手的幸福，要想干一番事业，只有靠自己的拼搏。

基维尔印刷所

到了伦敦后，富兰克林在小不列颠街租了一间房子。租金只有3先令6便士，但对他来说已经是一笔不小的开支了。

住处稳定下来后，富兰克林面临的首要问题是找工作。由于他以前干过印刷工，加上一位叫邓孚商人的介绍，他很快在帕尔默印刷所找到了工作。

帕尔默印刷所在当地十分著名，这里设备优良，生意兴隆。富兰克林很快适应了新环境，由于他懂技术，又勤奋，因此，很快就得到帕尔默的赏识，常常被安排做一些技术性很高的活。但是因

总督的欺骗没有使富兰克林一蹶不振，他靠着自己的勤奋与努力，很快在伦敦就找到了一份工作。

为在这里收入不高，富兰克林便找了薪水比较高的瓦茨印刷所。

不久，邓罕先生告诉富兰克林，希望富兰克林能和他一起回费城，因为他打算在费城开一家商店，如果富兰克林同意，可以帮他料理铺子。富兰克林虽然不愿意离开自己热爱的印刷业，但一想可以回到久别的费城便愉快地接受了。

1726年10月初，富兰克林和邓罕先生到达费城。此时，富兰克林心情十分激动，上岸第一天就前去拜访李德小姐。然而这时李德小姐已经嫁给了一个叫罗吉斯的陶器工。罗吉斯制陶手艺很好，但品行卑劣，他隐瞒了自己已有妻室的实情，骗取了李德小姐的感情。婚后，由于性格不合，很快就分居了。后来，罗吉斯因欠别人债务，只身逃到西印度群岛，并且死在那里，留给李德小姐巨额的债务和痛苦的回忆。

短短两年时间，便发生了如此巨大的变化，富兰克林一时难以面对现实，深深地陷入痛苦之中。

邓罕先生在水街租了一家店面，然后他们做了一番布置、装饰，把他们从伦敦置办回来的货物陈列起来，杂货店就这样开张了。邓罕先生耐心地照顾富兰克林，并教给他许多经商秘诀。富兰克林很快熟悉了新的工作，把店铺料理得井井有条。

邓罕先生杂货店的生意越做越红火。然而，就在俩人憧憬未来的时候，一场灾难突然降临。

1727年2月，邓罕先生和富兰克林都病倒了。富兰克林得了胸膜炎，疼痛难忍，连呼吸都很困难。最后，他终于战胜了病魔幸运地活下来了。然而，邓罕先生却没那么幸运，他病得很重，一

后来成为富兰克林妻子的李德小姐。在李德的支持下，富兰克林在科学和政治方面作出了巨大的贡献。

个多月后，就被病魔夺去了生命。

邓罕先生的去世，令富兰克林非常难过，他离开杂货店，将它交与邓罕先生的继承人管理。富兰克林的杂货店生涯也就此告终。

离开邓罕先生的杂货店，富兰克林想继续投身于自己的老本行。正在此时，富兰克林初到费城就职的印刷所——基维尔印刷所邀请富兰克林前去任职。因为，基维尔又开了一家文具店，无暇顾及印刷所的事务，他希望富兰克林能帮他管理印刷所，并训练手下那批新工人。

富兰克林帮助基维尔把印刷所管理得井然有序，印刷所的生意也越来越好了。在这期间，富兰克林制造了铜版印刷机，开创了铜版印刷的先河。

后来，由于富兰克林在印刷所举足轻重的地位，所以许多与印刷所有业务往来的客户都愿意直接同富兰克林打交

富兰克林向人们介绍他的铜版印刷机。

道，这引起了基维尔的嫉妒，并借口减掉了富兰克林的部分工资。有一次，基维尔竟然无端地责骂富兰克林，富兰克林知道基维尔是为赶走自己找借口，盛怒之下，他同基维尔大吵起来。基维尔当即拿出解雇通知单，富兰克林对此嗤之以鼻，离开了印刷所。

也就是在这一年，富兰克林在费城和他的几个朋友创办了一个俱乐部，名叫"讲读俱乐部"，后来人们称为"共读会"。共读会建立了一个小型的图书馆，目的是帮助工人、手工业者和小职员进行自学。每星期五晚上，大家一起讨论有关哲学、政治和自然科学等问题。

一开始，富兰克林便成了共读会的中心人物，他为俱乐部拟定了章程，还亲自出题目供大家讨论。他要求会员们围绕政治、道德、自然科学提出问题，并且在讨论中要客观求实，而不应单纯为了争强好胜去辩论，避免武断性、攻击性的语言，而且要严格遵守规定时间，超时或违背规定都要处以小额罚金。

这些规定，俱乐部成员都愿意遵守，因此，每次活动都举办得很成功，大家畅所欲言，场面十分热烈。他们在这里不但交流了思想，更增进了友谊，增长了见识。

这时富兰克林还不到30岁，通过刻苦自修，他已经成为一个学识渊博的学者和启蒙思想家，在北美的声誉日益提高。此后，"共读会"在富兰克林的领导下，几乎存在了40年之久，后来发展为美国哲学会，成为美国科学思想的中心。

共读会将"实用主义"作为贯穿其全部科学研究的主线，这一思想也成为美国独立后的主导思想。正如法国青年亚历克西·德托克维尔1831—1832年横穿美国旅行后写道："美国今后将习惯于把有用看得重于美观，而且他们也要求美观之物应该有用，这使得这些没有发现力学上任何一条一般定律的美国人，却将使世界面貌改观的蒸汽机引进海上航行事业。"

富兰克林一生有许多发明。除了避雷针，还有静电发生器、漂亮的古玻璃琴等。上图为富兰克林发明的古玻璃琴。

书籍是富兰克林一生的挚爱，上图为正在聚精会神读书的富兰克林画像。

创业维艰

23岁时富兰克林终于有了自己的印刷厂。为此，他比以前更忙碌了。

就在富兰克林离开基维尔印刷所后，他已经掌握了精湛的印刷技术，在费城已经是小有名气。这时，与富兰克林曾在一起做工的梅尔迪斯来找他，希望富兰克林能与自己合作开办印刷所，并说他的父亲会给予资金方面的支持。

富兰克林满口答应，与梅尔迪斯合伙开办起了印刷所。双方约定，梅尔迪斯占全部股份的一半，另一半以借贷的形式记在富兰克林名下，所得利润平分。他们在街边租了一所房子，将房子整修一番，安装好印刷机，整理好铅字，就开张了。

经过无数次挫折和艰苦的磨炼，富兰克林终于有了发挥自己才干的一席之地。因此，他十分珍惜这次机遇。每天天还没亮，他就上班了，整理铺面、排版、印刷。印完当天的活后，再把版拆开，把铅字放归原处，为第二天作好准备。

每天，富兰克林都怀着饱满的热情和活力工作到深夜。由于他懂经营、善管理，又有精湛的技术，因此，很快赢得了客户的青睐，并揽到政府公文的印刷业务，收入非常可观。

除了搞好自己的印刷工作外，他还用独轮车投寄他的报纸。

因受英国殖民统治的控制，北美当时的印刷业发展十分缓慢。在费城，基维尔的印刷所只能印制一些初级读物、传单等；而另一家知名印刷所——勃雷德福的印刷所也是依靠印制官方公文和官方报纸《美洲信使周报》艰难维持着。富兰克林对此非常了解，为了增强自己的竞争力，富兰克林决定办一份报纸。

但是，富兰克林办报纸的消息不胫而走，基维尔获知后，不惜花重金购买机器，抢先出版了一份名为《宾夕法尼亚科技艺术报》的报纸。但由于基维尔没有办报经验，维持了9个月后，便维持不下去了，后来不得不将报纸卖给了富兰克林。

1729年10月，富兰克林创办的《宾夕法尼亚报》正式出版发行。由于他有办报经验，再加上他丰富的知识和共读会朋友的帮助，因此，报纸一发行便吸引了广大读者，使勃雷德福的《美洲信使周报》订量锐减。这下惹怒了勃雷德福，于是，他利用自己任邮政局长的便利，不准邮差投送《宾夕法尼亚报》。富兰克林则对邮差多施金钱，让他们暗中为自己服务。这样，他们的报纸越办越好，一直延续了18年。

在富兰克林的苦心经营下，印刷所的生意越来越好。梅尔迪斯本来对印刷业务就不感兴趣，拿着从中获取的一半利润，他重新拿起酒瓶，坐吃山空，结果欠下了很多债务。最后，梅尔迪斯提出退出印刷所，把自己的经营权全部转让给富兰克林，条件是让富兰克林替他还清所有的债务。

富兰克林同意了梅尔迪斯的要求，从此成了印刷所的独立经营者，拥有了属于自己的印刷所。此后，他的事业蒸蒸日上，他也因此成了费城颇有影响的人物。

1730年，富兰克林与相识7年的李德小姐结为伉俪，建立了家庭。在妻子的支持下，富兰克林的印刷所在竞争中明显占据上风，经济条件也有了很大的改善。

1733年，富兰克林开始尝试编写历书，当时，费城还没有书籍出售，历书成了每个家庭中唯一的出版物。富兰克林在历书中别出心裁地塑造了一个"穷理查"的形象，受到了读者的广泛喜爱。

历书中记述了一些关于"穷理查"发迹的故事，内容针砭时弊，挞伐邪恶，颂扬人间的真善美。直到1748年以后，历书被称为《发迹的穷理查》。篇幅也较之以前长了许多，发行量也增至每年1万多册。在1758年历书的序言中，富兰克

由于具有丰富的办报经验和印刷技术，富兰克林创办了《宾夕法尼亚报》。图为1750年1月2日的《宾夕法尼亚报》版面。

林对25年来的历书做了总结，提取其中的精华部分，编成《致富之路》。《致富之路》印了一期又一期，人们把它当做金科玉律保存下来。

风筝实验

创业的艰辛，使富兰克林没有过多的时间和经历去从事科学研究。但在这方面，富兰克林从来没有放弃过。接下来的几年里，富兰克林将注意力慢慢转移到科学实验和公众比较关心的问题上。

16世纪中叶之前，电学还是一块处

莱顿瓶被发明后，人们只知道它有储电的作用，却说不清它储电的原理。1752年，富兰克林用风筝将"天电"引了下来，并收集到莱顿瓶中，从而正确指出了莱顿瓶的原理。后来，人们在这一基础上发明了电容。

女地，对电学做过探索的学者也寥若晨星，许多基本问题都没有搞清楚。17世纪以后，当时英国女王伊丽莎白一世的御医威廉·吉尔伯特写了一本《论磁石》的书，第一次将电吸引与磁吸引区别开来，认为电和磁是两种不同的东西。他还发现，许多物体通过摩擦可以产生静电。吉尔伯特在电学方面的研究取得了重大突破，许多科学家都加入了这一研究行列。

直到1746年，电学界传出一个激动人心的消息：德国的克莱斯特和荷兰科学家米欣布鲁克几乎同时发明了能够储存电的蓄电池，后来被人们称为莱顿瓶。

这一发明，使人们对电有了新的认识，也使富兰克林对电学产生了极大的兴趣。

1746年夏天，富兰克林回乡探亲，返回波士顿。一天，他正在街头漫步，忽然发现一群人正围着一个学者模样的人观看他的表演，富兰克林也好奇地走上前去观看。

原来，表演的人是一位来自英国的名叫斯宾斯的学者，他的表演不过是极简单的电学实验。他先将摩擦产生的电通过导线引入莱顿瓶，再用导线将电引出，他让两只导线产生电火花，点燃了远处的酒精，并用电当场击毙活着的母鸡，还用摩擦带电的玻璃棒吸引纸屑等。他的表演博得了一片热烈的掌声。这引起了富兰克林的思考，他下决心要投入到对电的研究。

于是，富兰克林把斯宾斯请回家做了一番长谈，还出高价买下了他做表演的所有实验设备，并把这些设备带回费城，摆在自己新建的实验室里。

在这个实验室里，有着各种仪器和做实验的用具。富兰克林就是在这里进行了长期的科学研究。

富兰克林请人买来了莱顿瓶，然后模仿斯宾斯的方法，进行了一些实验，观看他表演的有家人，还有共读会的一些成员，以及一些朋友。他们对神奇的电荷充满惊奇，纷纷鼓励富兰克林继续研究下去。

经过一段时间的实验和研究，富兰克林有了很多惊奇的发现。

早在1734年，法国人杜弗尼发现摩擦玻璃和胶木棒产生的电是不同的，因而提出电分为"玻璃电"和"树脂电"。而富兰克林经过实验后认为，电的本质只有一种，它是单一的流体，摩擦不能产生电，只能将电从一个物体上转移到另一个物体上，因为每个物体都是带电的。

他在实验中还发现，在莱顿瓶内外两边中，如果一边得到电，另一边就会失去电，但电的总量不变。并且发现莱顿瓶外边的金属箔上所带的电荷，与电瓶里边的电荷正好相反。他认为，带电体具有正负之分。富兰克林因此成为世界上首先提出正负电荷概念的人，为电学研究提供了理论基础。

1751 年，富兰克林出版电学理论专著《电的实验与观察》，引起了轰动。后来，国际物理学界为了表彰富兰克林在电学方面的杰出贡献，而将他的名字命名为电量单位，即：真空中一个电荷与它 1 厘米处带同种电荷的相斥力达到 1 达因时，该电荷电量为 1 富兰克林，等于现在通行电量单位的 $1/3 \cdot 10^{-9}$ 库伦。

在电学研究上取得了一定成就后，富兰克林将自然界中的闪电与人工放电联想到了一起。两种电到底是不是一回事呢？

1749 年的一天，富兰克林在一次实验中为了增大电容量，他把几个莱顿瓶串联在一起。当时，他的妻子李德无意中碰到了莱顿瓶中的金属杆，随着一声巨响，李德应声而倒。原来她受到了电击。幸运的是，当时电容量不太大，李德卧床一周后渐渐好转。

这次意外的事故，给了富兰克林莫大的启发，他由此得出结论，串联起来的电瓶能产生巨大的电流。他立即联想到自然界中的闪电，并断定闪电与人工放电是相同的。

为了验证自己的推理，富兰克林决心做一项大胆的实验。

1752 年 6 月的一天，天空中乌云密布，预示着一场暴风雨即将到来，富兰克林和他的儿子威廉带着上面装有一个金属杆的风筝，来到郊外一片空旷的草地，他们要用这个风筝将天上的闪电引下来。

实验开始了，富兰克林迅速地将风

富兰克林和儿子在进行风筝试验。

　　摩擦指关节后与钥匙接触，结果火花出现了，这证明闪电实际上就是大量的静电。富兰克林的理论后来被法国人证实，奠定了他科学家的地位。从此，人类历史上诞生了一句名言，描绘他的这一成就，"从苍天处取得闪电，从暴君处取得民权。"

筝升起，他让儿子拉着风筝线飞跑，风筝的上端固定着一根尖头粗线丝，闪电会通过线丝顺着风筝线传到系在下方的钥匙上。风筝徐徐升上阴雨密布的天空。

富兰克林和儿子焦急地等待着，他们紧张地注视着西边的天空，突然，一道闪电劈开云层，在天空划了一个"之"字，接着"嘎嘣"一声脆雷声，如铜钱般的雨点就瓢洒盆泼般地倾了下来。富兰克林发现线上的绒毛纤维在抖动，相互排斥状地竖起来。他意识到这是放电了，心中一阵惊喜，禁不住用手去摸那把钥匙。结果，"哧"的一声，手指与钥匙间放出一串电火花，富兰克林立即感到一种恐怖的麻木感。他激动地大声喊道："我被电击了！我被电击了！"随后，他小心翼翼地将风筝线上的电引入莱顿瓶中。

这次实验，揭开了雷电神秘的面纱，证明了闪电是一种放电现象，它和实验室里的电火花是一样的。回到家后，富兰克林立即撰写了一篇题为《论闪电与电气之相同》的报告，寄往英国皇家学会。当它在一家刊物上发表后，立刻引起了整个西欧的轰动。

这是人类在征服大自然的道路上迈出的具有重大意义的一步。富兰克林的发现打破了雷电由上帝主宰的谬论，首次向人们证实了电是一种自然力，这就使得人类找到了一种新能源，并为利用这种新能源开辟了广阔的前景。富兰克林也因此被皇家学会授予金质奖章，并接收其为皇家学会会员。在整个北美大陆，富兰克林有幸成为享有这一殊荣的第一人。

【避雷针】

在富兰克林所处的时代，西方盛行着雷电是上帝之火的神学迷信观念。而森林之火、房屋倒塌、人畜伤亡等雷电灾难现象时有发生。富兰克林成功地捕捉雷电之后，使人类征服雷电成为必然。

早在研究雷电的本质问题时，富兰克林就产生了发明避雷针的想法。在做了长期的观察研究之后，富兰克林对人工放电的实验做出以下总结：发光；具有光的颜色；方向弯曲；金属传导；能发出噼啪的声响；能在水中传导；能融化金属；引燃易燃物；击杀动物；有硫黄味；移动迅速。

他通过人工放电电流受尖头物体吸引这一现象考虑到，闪电也有电的性质，雷电也能击中建筑物，那么放一根尖尖的铁条，是否能把电从建筑物上引下来，从而避免雷电的轰击呢？如果这一理论

在富兰克林未揭示雷电本质之前，人类给雷电这一壮观的自然现象蒙上了一层神秘的面纱，西方人认为雷电是上帝之火。

不管人们愿不愿意相信，总之，富兰克林的避雷针有效地制止了雷电的袭击。之后，一些高大的建筑物开始纷纷装置避雷针了。

避雷针同样适用于现代化的高楼大厦。

成立，那么从此以后教堂、楼房、船舶都可以安装这样一根金属条用来导电而免遭雷击。

在著名的风筝实验之后，富兰克林便开始着手研究避雷针了。为了给建筑物制造一种避雷的实验装置，富兰克林阅读了大量资料，并进行了多次实验。

1752年年底，由富兰克林设计的一整套避雷针装置出台了。他在自己创办的宾夕法尼亚学院和政府大厦的顶部安装的避雷装置，成功地避免了雷击，使建筑物免遭损坏。这一装置是将一根数米长的铁棒固定在建筑物顶端，然后高出建筑物2.8米，然后用一根铁丝与铁棒相联，然后就将铁丝引入地下。

富兰克林还建议在船上安装这一装置，只要在船的桅杆的顶端安装尖头铁棒，用金属线联结，并将线导入水中，同样可使船只免遭雷击。避雷针的发明使许多建筑物免遭了雷击破坏，可以使船只安全地航行在海洋上。

富兰克林的避雷针装置经试用后再次引起科学界的重视。

在北美，教堂起初曾把它当做不祥之物，认为尖尖的指针直指天空是对神灵的亵渎，装上后不仅不能避雷，反而会引起上帝的震怒而遭雷击。但结果是，凡拒绝安装避雷针的教堂几乎无一幸免地遭受雷击破坏，而比它高的建筑物却由于装上避雷针而安然无恙。

在法国，人们甚至毫无根据地拒绝使用巴黎皇家科学院院长诺雷等人倡议的圆头避雷针，相反，却钟情于由富兰克林发明的尖头避雷针。据说当时的法国，人们将富兰克林认为是苏格拉底的化身。传统的法兰西式狂热使富兰克林一夜之间成为他们崇拜的偶像。而依照避雷针做成的尖顶帽则成为当时巴黎最风靡、最摩登的式样。

在英国，保守的英国人将它视为将要独立的北美的象征。英王曾下令将英国皇家建筑物上所有的避雷针统统换成圆形，以示与作为美国象征的尖头避雷针势不两立。但结果证明，他们这种将科学作为政治玩偶的行为必将得到应有的惩罚。

事实上，避雷针的发明远不及富兰克林在实验电学和理论电学中的成就。在实验电学中，富兰克林发明了一种新的电容器，这种电容器是从莱顿瓶向后来的伏打电池发展的一个不可逾越的中间环节。在理论电学方面，富兰克林首创了正电荷、负电荷、导体、电池、电容、充电、放电、电击、电工、电枢、电刷等一套电学与电工术语，而且写出了一系列有影响的电学理论著作，为以后的电学发展铺平了道路。

此后，富兰克林尽管主要从事政治活动，然而，他从没有放弃过对科学的研究。

创建宾夕法尼亚大学

18世纪中期的北美，许多地方都已建立了学校。在马萨诸塞州有哈佛大学；康涅狄格州有耶鲁大学；新泽西州有普林斯顿大学。

富兰克林认为宾夕法尼亚州也到了建立自己学校的时候了。他先把共读会中一些年轻有为的青年召集起来，草拟了一个计划，并把它装订成一本小册子散发到市民手里。

他在小册子里提出关于建立学校的若干意见和学生们的学业安排。他希望全社会都能关心学院，鼓励和支持青年人学习，等他们完成学业，踏上社会的时候，应尽可能提供有利条件帮助他们，使他们有所建树。至于学生们的学业安排，应注重培养他们的技能。比如书写、绘画等方面。此外，学院还应该教授学生们数学、会计、几何学和天文学等方面面的知识，教他们用规范的英语来朗读、写作、演说各类文章。还要培养学生们树立高尚的品德，让他们每一刻都想着为人民服务，这是孩子们成材的基础。

富兰克林到处散发他的小册子，并免费赠送给一些有地位而且声望高的人。为了能筹集到更多的钱，他规定捐款可以在5年内分5次交纳，每年都交一定限额。因此，捐款人数迅速增加。然后，他们又选出24位董事组成一个管理委员会，富兰克林当选为主席，并由他起草了行政章程。1749年，费城学院正式开学，即宾夕法尼亚大学的前身。

此后，学校规模不断壮大，最后由

图为富兰克林于1751年创建的宾夕法尼亚医院。

创建于1740年的宾夕法尼亚大学是美国第四古老的高等教育机构，也是美国第一所具有现代意义的大学。

政府收购，政府每年为学校拨送经费，议会也负责了一部分，地主们还捐献了一些土地。

1751年，富兰克林的好友汤麦斯·邦德医生想在费城办一所医院，他向社会募集资金，但是募捐很不积极。当富兰克林知道这个计划会给人民带来的好处，感到非常满意，马上就捐了25英镑，而且还决定帮助邦德募捐。募捐之前，富兰克林写了一篇关于这项计划的详细规则，大家都表现出极大的热情，纷纷解囊相助。

但是，捐款数额离建一所医院所需要的费用还差很远，于是，富兰克林又巧妙地通过议会拿到了相当一部分钱。这样，一座实用而美观的医院建成了，它也是美洲的第一家医院。

《独立宣言》

早在1661年，宾夕法尼亚便由英王查理二世签署特许状送给了威廉·宾，用来偿还欠他父亲——前英国海军上将威廉·佩恩1.6万英镑的欠款。威廉·宾死后，他的继承者把这块土地当做财富收入的来源，他们不仅收取大量的地租，而且还没收了大量土地。

宾夕法尼亚人民不但受着英国皇室的压迫，更忍受着来自威廉·宾继承者的残酷剥削，在这双重压迫之下，殖民地人民与业主宾夕法尼亚的统治者之间产生了不可调和的矛盾。而1756年爆发的七年战争则将这一矛盾更加激化了。

战争爆发后，威廉·宾的继承者拒绝支付任何经费来组织保卫该州的工作，同时还继续从该州抽取大量税收，这更加引起了殖民地人民强烈的愤怒。

1757年，富兰克林作为宾夕法尼亚州的全权代表向英国议会递交了一份报告，呼吁英国议会能在殖民地人民和业主之间的争吵中成为仲裁者。他在报告中深

七年战争

七年战争期间，英法为争夺海上霸权和掠夺殖民地而交战。作为英国殖民地的宾夕法尼亚则也受到来自法国的侵袭。

正当富兰克林在科学研究上不断取得新成果的时候，由于英国殖民者的残暴统治，北美殖民地的民族解放运动日益高涨。为了民族的独立和解放，他毅然放下了实验仪器，积极地站在了斗争的最前列。从1757—1775年他几次作为北美殖民地代表到英国谈判。

刻地分析了宾夕法尼亚州这块殖民地建立和发展的历史，证实该州的业主们粗暴地违反了英王赐予威廉·宾的权力，并且窃取了皇室在这块土地上的代议机构——大议会的权力。

然而，富兰克林的报告却没有取得积极的结果，但他没有因此而灰心，他深信国王会支持殖民地人民的正当要求的。于是，他又以大议会在英国的外交代理人身份前往伦敦亲自向国王递交请愿书。

1757年6月，富兰克林踏上了前往英国伦敦的船只。当时还是兵荒马乱的战争时期，敌方的船只经常出没在从美洲到英国的整条漫长航线上，船只时刻都有危险，而法国的舰队也早想俘获富兰克林所乘的船，但每次这只船都顺利地避开了。

一个多月后，富兰克林终于平安抵达了伦敦，开始了他在英国的外交生涯。富兰克林除了具有外语知识和卓越的才能外，还是一位享誉英国知识界的大科学家。来到伦敦后，他首先通过朋友与住在伦敦的宾夕法尼亚业主们见了一次面，看是否能通过调解来解决他们之间的问题，但成果却微乎其微。

一直拖了一年多的时间，最后，双方在内阁的听证会上展开了争论。经过双方争论，许多参加听证会的人都同意富兰克林向业主们征税的意见，英王为了自己的统治，也对该法案做了批准。这样，那些业主就和贫民一样纳税了。

1763年，七年战争以英国的胜利而宣告结束。此时，英国王室已逐渐感到了殖民地运动的兴起。为了维护自己的利益，他们对殖民地采取了更加严厉的封锁政策，禁止北美与外国通商，并颁布一系列税法，征收重税。

为了东印度公司的利益，英国于1773年12月在北美殖民地颁布了《茶叶法》。该法令的颁布，直接扰乱了殖民地市场，侵犯了人民的利益。于是，各地群众又纷纷组织起来，掀起了更大的反英浪潮。12月26日，在波士顿港口，一群具有正义感的群众乘夜色登上了东印度公司的3条茶船，将价值数万英镑的300多箱茶叶全部倒入大海，这便是著名的"波士顿倾茶事件"。

次年4月，英国政府采取了疯狂地报复行动，先后通过五项高压法令，封锁波士顿港，禁止它与外界贸易；英国陆军大批登上北美大陆，妄图以武力制止北美大陆熊熊燃起的民族独立之火。

这两件事引起了富兰克林极大的震动，他以前温和的改良思想瞬间被熄灭了，激进主义观念成为这一时期富兰克林理论和实践的主要内容。

1775年4月18日，莱克星顿的枪声揭开了北美独立战争的序幕。同年5月，第二届大陆会议召开，大部分第一届大陆会议的代表出席了会议，新代表中有富兰克林和杰弗逊。在会上，富兰克林慷慨陈词，指出了战争是解决北美问题的唯一手段。会后，会议做出了发行纸币、从国外购买武器、改编民兵为"大陆军"并任命华盛顿为大陆军总司令的三项决定，其中前两项都与富兰克林有直接关系。

1776年6月，大陆会议为了号召人民组织起来，反抗英国的殖民统治，决定成立一个五人委员会，负责起草关于宣布独立的文件。这五人中有托马斯·杰弗逊、约翰·亚当斯、罗杰·谢尔曼和罗伯特·李文斯顿以及本杰明·富兰克林。

为了赢得美洲人民的独立自由，已经年过七旬的富兰克林像一个年轻人一样，完全拥护、支持并积极投身于伟大宣言的起草工作中去。7月4日，由杰弗逊和富兰克林执笔的《独立宣言》公之于世。宣言正式宣告，北美13个殖民地与英国断绝一切政治上的附属关系，成立完全独立的美利坚合众国。

《独立宣言》是北美殖民地人民推翻英国殖民统治、争取民族独立战争胜利的旗帜，马克思称它为"第一个人权宣言"。富兰克林在美国独立战争中的功勋，使他足以被称为美国历史上伟大的民族英雄。

美国独立战争爆发后，富兰克林担任起《独立宣言》的起草工作。上图从左至右依次为富兰克林、亚当斯、杰弗逊。

1776年7月4日，美国大陆会议在费城正式通过《独立宣言》，宣告美国诞生。

伟大的公民

《独立宣言》的公布，极大地鼓舞了殖民地人民抗击英国的军事行动。然而，交战双方在实力上还是非常悬殊的。战争一开始，殖民地人民就明显处于劣势，战斗中节节败退，形势非常严峻。为了挽救局面，大陆会议决定争取外援，争取法国、西班牙等国在经济、军事、政治上的援助，并选派富兰克林为出使法国的代表。

　　1776 年 9 月，《独立宣言》墨迹未干，富兰克林便受命前往法国。在法国，富兰克林以其卓越的外交才能成功地说服了法国国王，并于 1778 年 2 月，代表新生的美利坚政府与法国签订了《贸易与防务联盟条约》。法国正式承认美国，并派兵赴美联合抗英。

　　1781 年 10 月 19 日，英国在约克镇战役中遭到彻底的失败，英军向美军投降，美国独立战争胜利结束。1783 年 9 月 3 日，富兰克林再度代表美利坚政府与英国政府在巴黎签订了《巴黎和约》，迫使英国政府在他们认为有史以来最屈辱的条约上签了字。

　　《巴黎和约》签订后，富兰克林留在巴黎任美国驻法国大使。1785 年他回到费城，被选为宾夕法尼亚州行政委员会主席。1787 年，他又被选为宾夕法尼亚州制宪会议代表，并全力投身于《美国 1787 年宪法》的草创工作，虽然，他已是体弱多病的老人，但他仍然领导了争取黑人解放、取消奴隶制和禁止贩卖黑奴的斗争。

　　富兰克林在亲人无微不至地照顾中度过了生命中的最后一个冬天。

　　1790 年 4 月 17 日，这位为科学、为公务奉献了一生的老人在费城平静地与世长辞了，终年 84 岁。4 月 21 日，费城人民为他举行了葬礼，两万多人参加了出殡队伍，为富兰克林的逝世服丧一个月，以示哀悼。美利坚合众国给了他很高的荣誉，称他为"伟大的公民"。

　　富兰克林就这样走完了一生，他静静地躺在教堂院子里的墓穴中，第一块墓碑立于富兰克林逝世时，碑文是：印刷工本杰明·富兰克林；第二块墓碑是美国人民后来立的，碑文是：从苍天处取得闪电，从暴君处取得民权。这正是富兰克林一生不朽的写照。

　　1785 年春天，80 岁高龄的富兰克林回到了阔别已久的祖国。他回到费城旧宅后，本想完全退出政治生活，但是没过多久，他又被选为宾夕法尼亚的制宪会议代表，加盟联邦制宪会议。

　　富兰克林在生命的最后一刻，他说道：科学的迅猛发展使我有时感到很遗憾自己出生得太早了，我们人类的将来，将会发展到一个怎样的高度，那是无法设想的，也是没有限度的。

1706 年	1 月 6 日,本杰明·富兰克林出生在美国波士顿。
1720 年	哥哥詹姆斯创办北美第二份报纸《新英格兰报》。
1723 年	独自前往费城。
1727 年	在费城创办"讲读俱乐部",即"共读会"。
1729 年	《宾夕法尼亚报》正式出版发行。
1730 年	与相识 7 年的李德小姐结为伉俪,建立了家庭。
1733 年	开始尝试编写历书。
1751 年	出版电学理论专著《电的实验与观察》,引起了轰动。
	在费城创办美洲第一家医院。
1752 年	与儿子在郊外进行风筝实验。
	设计的一整套避雷针装置出台。
1757 年	前往英国伦敦,开始了在英国的外交生涯。
1776 年	7 月 4 日,与杰弗逊共同执笔的《独立宣言》公之于世。
1776 年	受命前往法国。
1785 年	回到费城,被选为宾夕法尼亚州行政委员会主席。
1790 年	4 月 17 日,在费城辞世,终年 84 岁。

瓦特

Watt

　　詹姆斯·瓦特是英国著名的发明家，也是工业革命时期的重要人物。瓦特蒸汽机的发明，为当时社会带来难以估量的价值和财富，它被广泛地应用在工厂，成为几乎所有机器的动力，改变了人们的生产方式，极大地推动了科学技术的进步，拉开了工业革命的序幕。

　　1819 年 8 月 19 日，83 岁的瓦特去世。在他的讣告中，对他发明的蒸汽机有这样的赞颂："它武装了人类，使虚弱无力的双手变得力大无穷，健全了人类的大脑以处理一切难题，它为机械动力在未来创造奇迹打下了坚实的基础，将有助并报偿后代的劳动。"

瓦特家族

在苏格兰西海岸，有一条美丽的河流，叫克莱德河。在克莱河畔坐落着一座美丽的城市——格拉斯哥。那里既有航运之便，又有煤铁之饶，所以，很早就成为一座工业重镇和外贸商埠。苏格兰一半左右的人口，都集中在格拉斯哥周围的斯特拉斯克莱德地区。

在宽阔的克莱德河口南岸，有一座小城，叫格利诺克。格利诺克是一座天然的屏障，那里地处河口地带，可以停泊大船，因此成为格拉斯哥的一个辅助港口。格利诺克的人们，依靠海港为生，日子过得很艰难。

伟大的发明家詹姆斯·瓦特就诞生在这座小城。

其实，瓦特一家原本不是当地人。17世纪后期，詹姆斯·瓦特的祖父汤玛斯·瓦特从老家东海岸的亚伯来丁市，逃到了格利诺克附近的小渔村卡兹代克。

那时，正值英国资产阶级大革命时期，保皇党在苏格兰高地招募了一支慓悍的军队，占领了苏格兰北部的大片地区。他们所到之处，对支持国会的资产阶级和城市平民进行残酷的镇压。为了躲避迫害，正在亚伯来丁的马里舍而学院读书的汤玛斯·瓦特，便逃到了卡兹代克定居。

在格利诺克和卡兹代克的交界处，有一条叫林格巴恩的小河，上面架设着一座长板桥。卡兹代克在海岸设有码头，和格利诺克相比，显得略微繁荣一点。

后来，汤玛斯在这里娶妻生子，又购置了一些田地，过着安定幸福的生活。由于他为人谦和，又很热情，到了老年便被地方上的人选为教会会议的长老。所谓教会会议长老，不但是宗教方面，就连该地的土地行政，或者是裁判和检查等事情都要掌管，其中，较为重大的事情之一，就是创立学校，施行新时代的教育。

瓦特的父亲詹姆斯从小就头脑

瓦特家所在的格利诺克是苏格兰海岸的一个小海港。

聪明，手脚特别灵巧。在念完中学以后，便被父亲汤玛斯送到一位造船工匠那里当学徒。后来，詹姆斯学成了木工手艺和造船技能，便迁到格利诺克，自己开设了一家小工厂。而这时的格利诺克的繁荣已经远远超过渔村卡兹代克了。

1707年，英格兰和苏格兰合并成为大英帝国。这时，腐败的苏格兰才渐渐脱掉了陈旧的外衣，进入新的时代。英国议会下令：各海口从此可以自由筑港。格利诺克积极响应，建设了码头，并着手开辟港口。不久，许多船只都能停靠码头，海关的税收日增，贸易也渐渐趋于繁盛。

詹姆斯不仅是一位有着专门技能的手艺人，而且也是一位善于经营的生意人。他曾担任过不少的官职，当过市参议员，还被推选出任过市长，瓦特家族在当时地位极为显赫。不久，他便与一个出身名门、气质高雅的姑娘——阿格纳斯建立了家庭。

1736年的1月19日，詹姆斯夫妇迎来了一个新生命。他就是后来闻名世界的大发明家——詹姆斯·瓦特。这时，他们住在格利诺克市威廉街附近。这座住宅的后院，连接宽阔的克莱德河，詹姆斯的工厂就建在这里。

詹姆斯夫妇一共生了8个孩子，瓦特是他们的第6个孩子，但其他5个都相继夭折了。瓦特是活下来的3个孩子中的大哥哥，在他之后，还有一个弟弟和一个妹妹。

当时的英国，卫生医疗条件非常落后，煤炭和矿产资源的大量开采和各种工场手工业的大肆发展，对生态环境造成严重的破坏和污染，因此疾病盛行，瘟疫不断，严重威胁着人们的生命。

尽管小瓦特体弱多病，但是他喜欢专注于身边的事物。有一次，他看到烧开水的水壶盖被蒸汽顶开了，他把壶盖放来放去想找出为什么。谁会想到这竟会是瓦特对蒸汽机发明的第一次专注研究呢。

刚出生的瓦特，身体虚弱，令詹姆斯夫妇非常担忧。幸运的是，在父母的精心照料下，这个孱弱的婴儿总算长大了。

18世纪的英国正处于社会变革和调整时期，当时的社会秩序非常混乱。作为英国的一个落后地区，比起英格兰来，苏格兰在经济和文化教育方面都很落后。苏格兰地区的南部和北部存在着严重的发展不平衡的问题，南部的资本主义经济发展非常快，而北部却依然是传统的封建氏族制度。这里气候恶劣、交通不便，人们的生活极为贫困。每逢灾荒之年，吃不饱肚子的北方山里人就会成群来到南方平原，偷盗抢劫，无恶不作，他们被平原地区的苏格兰人称为"野蛮人"。

由于当时社会动荡不安，加之瓦特体弱多病，因此在10岁以前，父母几乎不让儿子随便外出。瓦特便经常去后院父亲的工厂里玩耍，看工人师傅们忙碌地制作各种工具。父亲的工厂成为瓦特童年的乐园。

格利诺克以瓦特命名的詹姆斯·瓦特学院。

由于身体虚弱，瓦特没有去上学。母亲便教他读书写字、画画，父亲教他书法和算术。在父母的熏陶下，小瓦特开始思考许多深奥的问题，这使得他比同龄的孩子要老练和沉稳得多。父亲特地用废旧材料给瓦特设了一个"工作台"。所谓的工作台，其实就是放了一些常用的工具，还有一个铁匠炉。在父亲的指导下，瓦特能完全独立制作各种各样奇特的小玩意。如炉灶上的吊钩、小风琴等。

11岁时，瓦特去了一所名为姆亚当的小学，在这里，瓦特适应了集体生活，身体也逐渐好转。两年后，他考进了格利诺克市威克尔街的一所文法中学的数学组。

这所学校在当时是全市最好的中学。在这所文法学校里，瓦特渐渐显露出了他的聪明才智。尤其是数学，成绩总是名列全班第一，并能动手用圆规制造出了各种精致的模型。数学老师玛尔对瓦特格外看重，他说："这个孩子头脑不凡，是个数学天才！"

【家庭变故】

从这时起，瓦特经常来父亲的工厂里帮忙，制作各种模型。瓦特在父亲的教导下学会了制造许多较复杂的模型，厂房里上自起重机，下至小小的滑车、唧筒以及卷铁锚的机器等的模型，都在瓦特的手中一一呈现出来了。

也就是在这一时期，瓦特对读书的兴趣更浓了。与历史与文学方面的书籍相比，瓦特更喜欢看天文学和数学书。他喜欢一遍又一遍地看，最后竟然能把部分内容背诵出来。

格利诺克的南方，到处都是一丛丛的榆树和山毛榉的树林，像屏风一样的连接着，瓦特喜欢到那里去散步，然后跑到一处稍微高一些而且能够看到天空的小山丘上，躺下来看书。从这时候开始，瓦特的身边总会有一本书。

过去英国的文法学校，是一种专门为那些将来准备升入大学的学生开设的。这里入学的学生都是经过严格考试后录取的，在教学方面，对学生的要求也极为严格。瓦特的学习成绩一直名列前茅，老师们都很喜欢瓦特，他们希望瓦特能够顺利地进入大学学习。

天有不测风云，就在瓦特将要从文法学校毕业时，家庭却发生了很大的变故。就在这一年，父亲詹姆斯的一只可以跑远洋的大帆船出了事故，船上的人全部遇难，包括瓦特的弟弟约翰。约翰的死，给这个家庭带来了巨大的悲痛。瓦特的母亲因此受到很大的打击，不久也去世了。

为了给死亡船员的家属赔偿抚恤金，瓦特的父亲变卖家产，他们的生活一下子陷入了困境。瓦特主动向父亲提出要放弃学业，去从事如何制造数学用具的工作。而他的妹妹为了照顾父亲和哥哥，主动担当了家务重任。

18世纪中叶，正是英国新兴手工业开始蓬勃发展的时代。还在17世纪时，钟表业和车轮制造业脱离手工而独立，使得钟表业有了惊人的进步，到了18世纪的中叶，英国制造的钟表，就广泛地畅销于欧洲所有的国家，英国人以他们各式各样的表行销全欧而引以为豪。

钟表业是需要极其精巧的技术行业，不久，以这种技术为基础，又生产出许

早在15世纪，英国半农半工的农村家庭手工业就非常普遍，工业革命来临之前，英国的工场手工业已经非常发达，作为传统手工业如制表、车轮制造业等手工业，技术已相当先进。

多新行业来。

这一种行业所包括的范围非常广，尺子、圆规等教学工具当然不用说，其他有关航海和测量的器具，以及罗盘、象限仪（测量高度用的器具）、望远镜等各种天文学仪器，也都是经由数学器具业者的手制造出来的。

那时，最新的机械仪器的筹划或设计，全部都是经由数学工具业的创意和技术而产生的。不用说，以各大学为中心的科学家们的实验用器具，也是他们所制造的，由此便形成了一种科学理论的交流。

选择制作数学工具这一行业，对瓦特这个生来就爱动手而又酷爱科学的人来说，是非常合适的。

1754 年，18 岁的瓦特来到格拉斯哥。

迪克博士。在迪克博士那里，瓦特学到了从书本上学不到的东西，他曾说过："在自然科学的研究上，我从迪克博士那里学到了实验和推理，我今天之所以能在发明界立足，完全是他的功劳。"

这是一个沉静而落后的都市。走遍全市，所看到的建筑物仅仅是教会和大学而已，连个像样的工厂都没有。街上除了酒店之外，没有一家咖啡店、戏院或者图书馆，甚至连一张报纸都没有，通常都是从伦敦运来的旧报纸，能够看到一个星期前的报纸，已经是最新的了。

格拉斯哥没有一个精通制造数学工具的工厂，只有一个挂着"眼镜商"招牌的商店，瓦特只好去了一家万能商店做学徒。其实，这里除了修理眼镜之外，也兼制简单的制图机器，以及从事提琴的修理或者风琴的调音，而且还兼卖鱼竿和钓鱼用具。

一年之后，瓦特在一位远房舅舅的介绍下，幸运地认识了格拉斯哥大学的迪克博士，迪克博士是格拉斯哥大学的物理学教授。迪克博士让瓦特到格拉斯哥的物理系去，帮他安装一批刚刚运到的教授天文学用的仪器。

瓦特聪明的头脑和娴熟的技术给迪克博士留下了深刻的印象，瓦特也从心眼里对迪克博士由衷地佩服，此后，他们俩便成为终生的好朋友。

前往伦敦

17 55 年 6 月，瓦特在迪克博士的建议下，前往伦敦寻求更大的发展。在迪克博士看来，像瓦特这么优秀的年轻人如果想有更好的发展，就必须到伦敦去，因为伦敦聚集了一批举世闻名的仪器制造商，只有拜他们为师，才能学到真正的技术。

来到伦敦，瓦特带着迪克博士的介绍信，在伦敦斯特兰德街，终于找到了詹姆斯·萧特。萧特是当时伦敦非常有名望的仪器制造商，能做他的学徒将是非常幸运的。

萧特先生热情地接待了瓦特，却不肯收他为徒，因为按照当时的雇佣规定，瓦特不具备做萧特先生徒弟的资格。伦敦的行会制度一直是非常严格的。任何一个外来户，要想在一门技术行业里站住脚，都是一件十分困难的事情。

后来，在萧特先生的推荐下，瓦特成为当时伦敦有名的手艺人——约翰·毛根的学徒工。约翰·毛根是一位学者，他在仪器制造行业里算得上是一名佼佼者。他创办的数学器具制造厂在伦敦同行业中规模比较大。1752年，他曾为西班牙国王制作了一个64厘米的反射望远镜，收取费用1200英镑。由于毛根的名气很大，他才有足够的胆量，敢于蔑视工会的那些规定。但是，瓦特必须交一定的费用，而且一年之内没有薪水。

在宽敞的厂房里，坐在最里面的是毛根师傅，他的周围是一些学成了技艺的技工，其次再按工人和徒弟们的工龄依次而坐，新进来的瓦特当然是坐在最外边的位置。店里如果有客人来，瓦特要去充当接待或者站在客人旁边以供使唤。

两个月过去了，他又完成了定规和方位罗盘的制作……就这样，瓦特以最快的速度完成了各种仪器的制作，而且手艺非常到位。

因为经济上比较拮据，瓦特经常饿肚子，饿到没有办法的时候，就只好喝水。每个星期六的下午到星期日，工人们都走了，只剩下瓦特一个人留在工厂里。他甚至还利用晚上和清晨上班前的时间，揽点零星的修理活来干，以便赚点钱来补贴自己的生活。

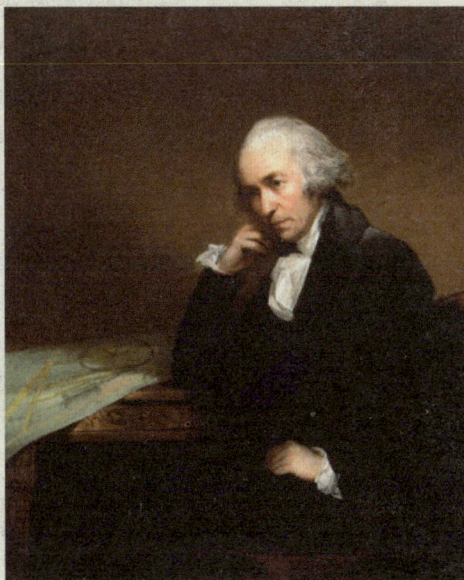

18世纪中期的伦敦很不太平，街上经常有抓壮丁的事情发生。瓦特给父亲的一封信里，曾写到过伦敦当时抓壮丁的情景。

当时伦敦很不太平，经常有为海军抓壮丁或者拐卖人口的事情发生，人们生活在一种极度的恐怖气氛中。英国和法国为了争夺北美和印度等海外殖民地，双方作战了7年。当一度让英国人为之自豪的无敌舰队在诺肖克湾被法国的海军打得一败涂地后，政府为了补充兵力，不得不强行实施水兵强募法。所以，水兵强募队抓壮丁便成为当时英国的常事。

除此以外，还有比水兵招募队更可怕的，就是专门四处抓人贩卖的"诱拐团"。他们绑架拐骗国内青年，出其不意地把他们抓了去，然后装船运到西印第安，把拐卖来的人卖给种植园当奴隶，做苦工，而诱拐团则能得到很多佣金。这些人去了以后，大多都会因为苦力重而难以支持，病死在那里。西印第安在伦敦市各处设有收容所，专门收买这类"诱拐团"，而其幕后又有官方为它撑腰。

　　在这种混乱不安的局面下，很多人都不敢出门，而对于瓦特这样没有市民权的人来说，没有比他专心地研究制造数学器具更加安全的事情了。

　　在这样提心吊胆的生活中度过了一年，1756 年 7 月，瓦特终于以惊人的速度掌握了数学器具制造的全部技术，成为一名正式工人。他告别了毛根师傅，无限留恋地离开了那个狭窄的工作间。他买了一本由尼斯通翻译的尼古拉斯·拜昂的著作——《数学仪器的制造和使用》，还特地采购来价值 20 英镑的金属材料，收拾好行李，踏上了回乡的路程。

格拉斯哥大学里的店铺

　　在家里休养了一个夏天，瓦特恢复了以往的健康。转眼已经是苏格兰的 10 月了，秋高气爽，景色宜人。瓦特动身来到了格拉斯哥，前去拜访迪克博士。

　　恰在这时，迪克博士正负责修理一个牙买加富商为格拉斯哥大学捐赠的一批天文学仪器。由于在漫长的海运途中，仪器受损严重，不能正常使用。

　　当迪克博士知道瓦特学成归来，便决定把清洗和修理

格拉斯哥大学

　　格拉斯哥大学是全英最古老的大学之一，始建于 1451 年，是英国第四古老的大学，同时也是最现代的大学之一。

这批天文学仪器的工作交给瓦特；同时，迪克博士还在学校的自然科学教学楼附近，给瓦特找了一个工作间。

格拉斯哥大学成立于 1451 年，距当时已有 300 多年的历史，是当时英国有名的最高学府之一。从中世纪开始，它就是一所文理医工并重的综合性大学，出过不少杰出的人物。格拉斯哥大学位于市中心的哈伊街附近，看上去显得阴暗古老、古朴庄严，对当时的英国学界来说，在这里正滋生着一股新生的伟大力量。

对瓦特来说，这是他人生转折的一个绝好的机会。由于天文系在格拉斯哥大学是新近才设立的，所以瓦特所修理的仪器，在学生眼中还是件稀罕的东西。工作时每天都有许多教授和学生来往，在和他们的交往中，瓦特开阔了眼界，增长了见识。

瓦特把这批天文仪器拆卸开来，一件件进行擦洗。对于那些受损的部件，也都设法加以修理，或者组装新的配件。

年底，瓦特以惊人而高超的工匠技艺成功地修理好了这批天文学仪器。他从学校那里得到了 5 英镑的工作报酬，这在当时算是一笔可观的收入。瓦特告别了格拉斯哥的朋友们，又回到了格里诺克的父亲身边。

1757 年 8 月，瓦特在父亲的建议下，前往格拉斯哥，打算开一个数学仪器店。结果，却被工会拒绝了。中世纪的英国，各种团体都有独立的权力。有关工商业的一切权力都是掌握在工会的手里，而有关学问或者宗教的事情，则被所有的教会和修道院操纵。

为了帮助瓦特，迪克博士以格拉斯哥大学的名义向教会提出要在格拉斯哥大学开设附属数学仪器制造所，专门负责修理学校教学和科学研究所用的精密仪器。因为迪克博士的理由无可辩驳，结果教会不得不接受这个请求。

这年岁末，瓦特终于被获准在学校里开店了。学校给瓦特一个工作间，并且给了一个"大学数据仪器制造者"的头衔，瓦特有幸成了这所大学的"编外员工"。瓦特兴奋极了，他从一名普通的工人，进入大学校门，不能不说是一次意义重大的跨越。

19 世纪光辉灿烂的机械文明，自从这位具有机械天赋的瓦特和科学殿堂格拉斯哥大学碰撞的那一刻起，便开始露出了新

汽转球

人类对蒸汽的认识最早可以追溯到公元 100 年亚历山大港的希罗发明的汽转球，它由一个空心球和一个装有水的密闭锅以两个空心管子连接在一起。在锅底加热使水沸腾变成水蒸气，然后由管子进入到球中，最后水蒸气会由球体的两旁喷出并使得球体转动。汽转球只是单纯的一种新奇的玩物，并未予以任何实际应用。

1712 年，一位毫无名气的铁器商纽科门发明了第一台实用的蒸汽机。

在格拉斯哥大学的店铺里，迪克博士经常来拜访他，和他一起讨论有关蒸汽机的理论和技术问题。

的曙光。

瓦特的店铺设在大学内建筑物的角落里。虽然，在这里他过得很愉快，但开始却不太顺利，主要是因为他不是这所大学里的正式员工，没有固定的薪水，加上维修的活不是很多，很难维持生计。

就这样持续了一年以后，瓦特又开始修理或制造乐器，还兼卖地图和海图。瓦特虽然不懂音乐，也不懂乐器，但他认真钻研音乐数据原理，琢磨各种乐器的制作规律，很快就成为乐器制造和修理的行家。后来，得益于他的数学知识和机械技术，瓦特成功地造出了几台手弹管风琴，而且演奏效果非常好。在不知不觉间，这里成了教授和学生们的俱乐部。

后来，瓦特还被允许去迪克博士的研究室做实验。在研究所里，精于数学的瓦特对于机械的转动时间能够很快地计算出来。如果有时实验失败了，在检查装配时，他连最细微的地方都不放过，这样他就立即检查出了问题所在。有时，遇到不能解决的问题，他便向教授或者学生们请教，或者到图书馆里查阅资料。就这样，瓦特除了学到一般机械的深奥知识以外，还连带学习了各种机械的特征。

如果说在伦敦修业的一年间学到的是一些技术，而在这里，经过一段时间的磨炼，他已经成为一个熟练的技工了。可以说，瓦特现在已经具备了发明家所不可缺少的两个因素——技术和学问。

刚从格拉斯哥大学毕业的研究生约翰·鲁滨逊是这里的常客。瓦特和鲁滨逊常常在一起聊天，谈论各种学术问题，而谈论更多的则是科学技术方面的问题。在与鲁滨逊的谈话中，瓦特开始把注意力转移到了蒸汽机上。也就是从这时开始，瓦特便开始和蒸汽机有了千丝万缕的联系。

在学校的图书馆，瓦特找出有关蒸汽机械的书籍，然后根据原理开始一边钻研，一边做实验。最初，他所用来装配的东西，说起来很简单，就是用普通的药瓶来代替锅炉，用竹筒当做蒸汽管来使用。

到了后来，他费了好大的精力，又做了一个小型的，很像蒸汽机，但充其量，那只是一个气筒，直径只不过3厘米。

这个小型的蒸汽机像个玩具，但说它是玩具，也不完全正确。因为扭动它的活栓，蒸汽就猛地从下边喷上来，活塞也就动了起来，竟然可以举起7千克重的东西。这次小小的实验让瓦特对蒸汽有了进一步的认识。但是，后来鲁滨逊因为新的任务突然向瓦特辞行，使瓦特刚刚开始的蒸汽机的研究，又中断了。

火灾中的发明家

17 59年，瓦特开始和一个名叫约翰·克莱格的建筑师在格拉斯哥共同经营了一家店铺。从这时开始，他的事业

瓦特并不是蒸汽机的发明者，在他之前，早就出现了蒸汽机，即纽科门蒸汽机。纽科门的蒸汽机起初是用于煤矿，那里的煤价甚低，使用起来还是合算的，所以很快便被广泛采用。不过，对煤的大量浪费毕竟是那种机器的严重缺点，特别是用于别的地方时成本就太高，因此迫切需要提高蒸汽机的效率。

才开始发展起来了，随着威望的提高，工会也不再和他过不去了。四年后，瓦特和克莱格的店铺发展规模已经很大了。

18世纪中叶的英国，科学技术很不发达，人们的思想还很保守，所以，蒸汽机械的利用似乎较为迟了一点。1750年，斯达林格雪的亚尔芬斯顿的煤矿才开始装置纽科门蒸汽机。直到1760年，格拉斯哥附近的煤矿才装置了第二架蒸汽机，并且以"火花"这个绰号而出名。

而这时，敏锐的瓦特知道了格拉斯哥大学的标本室里，有一架纽科门蒸汽机的模型，他想去格拉斯哥大学里看看。当时纽科门蒸汽机的操作模型是格拉斯哥大学的约翰·安德森教授负责修复的，就在瓦特知道这个消息后，纽科门蒸汽机大部分已经损坏，被送到当时伦敦有名的数学器具店修理了。

后来，当瓦特听说纽科门蒸汽机已经被送到别的器具店修理，他非常失望，但他又不得不等那架模型送回来之后再看了。

1764年7月，瓦特和表妹玛格莱特·米拉步入婚姻的殿堂。婚后两个人搬到迪尔福特田地的小路旁，在一栋新盖的小房子里居住，瓦特有了新的生活。

就在这时，纽科门蒸汽机模型被器具店送回了格拉斯哥大学，纽科门蒸汽机还是不能转动，于是，安德森让人找到了瓦特，并把纽科门蒸汽机模型送到了瓦特的店铺，让瓦特修理。

这是瓦特第一次看到纽科门蒸汽机的模型。这个模型的锅炉比普通的开水壶要小一点，气筒的直径只有18厘米、长51厘米，但其中却包含着深刻的科学原理。

很快，瓦特看机械模型修好了，便迫不及待地生起了火，

纽科门蒸汽机模型

把火放在锅炉底下，想转动模型看看。锅炉的水烧开了，里边冒出许多蒸汽。瓦特扭动活门，蒸汽就进入了那个小气筒内……轱辘轱辘地开始转动了起来。但活塞只动了三四下，却突然停止了。

为什么会出现这种现象呢？还是气筒的温度问题。蒸汽一遇到冷的物体就立刻凝结起来，最初把蒸汽从锅炉输送到气筒里去的时候，为了不使蒸汽无谓地凝结，所以气筒就必须保持沸点，也即在 100℃ 以上。

要想把满气筒的蒸汽凝结，使之成为真空，又得把气筒的温度下降到常温，也就是 15℃ 以下。在气筒内喷射冷水，目的是为了促使温度迅速下降，使蒸汽尽快凝结，也就是气筒必须不断地被加热或加冷。可一旦冷却了气筒的温度，再把它升高到沸点，势必要消耗掉大量的蒸汽。

为了计算浪费掉多少的蒸汽，瓦特专门制造一个刻有度量的锅炉。

瓦特一次又一次专心致志地进行实验。有一次，房间起了大火，瓦特都没有觉察，直到一个警官飞也似的跑到他家里，才把瓦特强行拉出屋子。瓦特从屋子一出来，就看见地上横七竖八地放置着消防队员弃置的软水管，水龙头喷出来的许多热气，把从屋子里冲出的火焰，喷得四下飞散，就在这一刹那，瓦特突然有了灵感。

修好纽科门蒸汽机之后，瓦特又对它工作的原理产生了好奇。

原来，软水管由于遇到热的关系，蒸汽从水龙头进了出来，那时，瓦特所想的，其实就是"潜热"的问题。这次偶然的火灾，使瓦特有了意外的收获。

这种潜热的作用，愈加暴露了纽科门蒸汽机的缺点。瓦特对于纽科门蒸汽机的实验，终于有了新的进展。

对于水在不同的压力下，达到沸点时所需要的热量，瓦特做了很多实验。他计算了定量的水所化成的蒸汽体积，然后确定了在大气压力之下，蒸汽体积约为水的 1800 倍，就现在而言，这个数字也很正确。

就纽科门蒸汽机而言，瓦特把计算出活塞在上下移动时所需的蒸汽数量，和填满气筒所需的蒸汽容积相比较，结果发现实际进入气筒的蒸汽数量，竟比气筒的容积高 4 倍以上。要想使喷射于气筒内的冷水不至于被汽化，除了增加冷水的用量以外，没有其他的办法。可是冷水如果喷射得过多，气筒温度随之降低，要想再升高到沸点时，则又需要相当长的时间，非浪费掉许多的蒸汽不可。

这个结论无疑是说，这种纽科门蒸汽机，约有 3/4 的蒸汽，在提高冷却了的气筒温度时，完全浪费了。如果不浪费，绝对会造出效率更好、马力更强的机械来的。

为了解决这个问题，技术家们也只有在水的分量上适当地调节而已。长久的使用，纽科门蒸汽机终于暴露出了很大的缺陷：不经济、不灵活，所以一种新型能够替代纽科门蒸汽机的机械，成了眼下使用者们所急需的了。

这架纽科门蒸汽机终于修好了，瓦特又把它送回格拉斯哥大学的标本室。

从这时开始，瓦特要制造一种新型蒸汽机的想法在瓦特的心里扎下了根，他决定要一心用在发明研究上。

瓦特的实验还是没有进展，但就在最关键的时候，挫折随之而来，瓦特的生活陷入困境。他的合作人克莱格突然去世，店铺的责任全部落在了瓦特的肩上。

但是，瓦特并没有放弃对蒸汽机的研究。他常常一个人去散步，静静地思考关

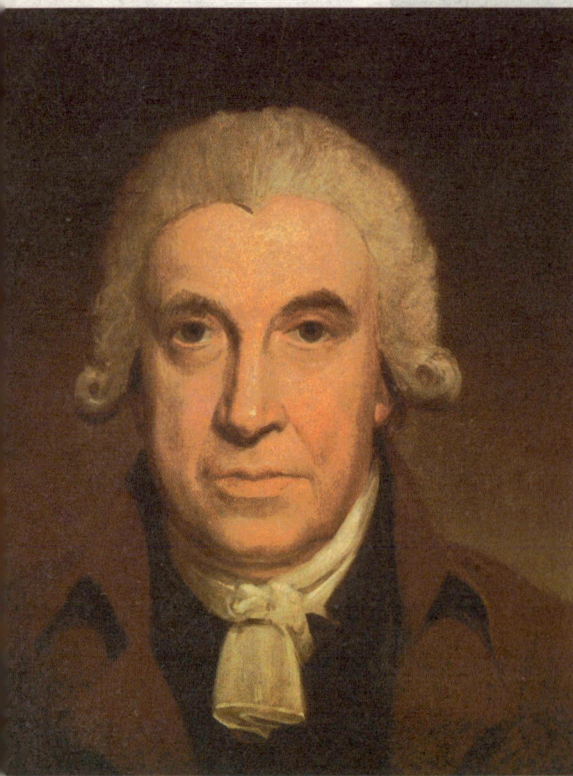

瓦特像

于蒸汽机的问题。当他走过洗衣店，路过牧羊人住的小屋时，忽然，一个念头飞进瓦特的脑海里——"蒸汽是有推动力的！"

瓦特想，因为蒸汽具有推动力，所以能够冲入真空里面去。要是把真空的容器附在气筒上，蒸汽必定会进入那个容器的，因此，为了蒸汽的凝结，只要另外再做一个凝结器连在气筒上就行了。这样的话，蒸汽就在那里凝结，而不需要再把气筒冷却，气筒始终是真空的了。

不同的作用，分别在不同的容器内进行，气筒就可以一直保持热度，凝结器就永远使它冷却下去，这样才不会浪费掉一点蒸汽了。

真没有想到，仅仅这样一个念头，就把自己在一年当中，想了又想的问题完全解决了。瓦特的思绪像风车一样旋转得非常快。可是，像纽科门蒸汽机那样喷着冷水使水蒸气凝结，而喷洒的水和凝结而成的水，以及漏进来的空气，怎样才能排出去呢？

后来，关于纽科门蒸汽机的这个问题，瓦特终于想出来办法：一是在下面设一个排水口，将水从管子中挤压出来，空气则有小唧筒排出；二是水和空气都由大唧筒排出。

瓦特的想法，一步一步地接近了成功的边缘。瓦特又得出了另外一个结论，那就是气筒之外再做一个凝结器。分离凝结器这一伟大的构想，在瓦特的脑海中形成了。自从有了这个构想，瓦特就被它迷住了。

瓦特最初制造的凝结器模型，至今尚保存在南肯新顿的科学博物馆中。它的装置是这样的：首先 A 是气筒，B 是活塞。活塞的最下面，有个吊东西的铁钩子。管子和锅炉相接，蒸汽就进入环形状的气筒内，气筒因此而能够保持温度，C 是凝结后的水所流出的洞口。从锅炉把蒸汽由 D 口送入气筒，这时，留存在气筒内的空气便由凝结器 E 上端的活门 F 排了出去。

等空气完全排出，再把唧筒 G 的活塞 H 迅速拉上来，凝结器中便成了真空。把气筒的蒸汽吸完，使它凝结，因

1782 年，瓦特发明了具有连杆、飞轮和离心调速器的双动作蒸汽机，这是一种新的实用蒸汽机，为工业生产提供了新动力来源。

瓦特制造的冷凝器模型

此，气筒就成为真空，这时，活塞 B 就开始上升，下面吊的东西就可以吊上来了。

瓦特刚刚完成实验，就迫不及待地在替代锅炉用的大水壶下面加水，水一开，蒸汽通过蒸汽管进入气筒内。不久，蒸汽就开始从活塞杆的洞口或凝结器的活门排出去了。

空气终于可以排出来了！要是把蒸汽活门闭上，同时把空气唧筒的活塞拉上，凝结器内就变成真空；蒸汽一通过那里，马上就会凝结，活塞就接着上升，下面的铁钩子就能把约 8 千克重的东西吊上来。

瓦特高兴得不知所措。他所设想的原理，经过这次实验已经得到了证实。他把那些消耗掉的蒸汽量和吊起的重量计算一下，知道一个全新的蒸汽机的发明完全成功了！

后来，瓦特对于蒸汽机方面，又做了改良。他制造了一个气筒直径约五寸的模型。他发现，当活塞下降时，空气便随之进入气筒内，气筒便会冷却下来。这时，要想再提高温度，就得消耗一些无谓的蒸汽了，于是必须在活塞的上面紧密地加上一个盖子，改用蒸汽充入活塞的周围。

瓦特将以往所利用的大气压力改为蒸汽，使过去的气压机械一变而成为真正的蒸汽机械了。有了这种改良，蒸

到 1800 年时，英国已有 500 台瓦特蒸汽机在各地哧哧冒气，此后其数量更是增长迅猛。

汽就不会再浪费了。

这项新的装置，最为突出的地方在于不让空气跑进气筒内。正是出于这种考虑，瓦特才设计一个能包住这个气筒的第二个气筒，而将蒸汽导入到里面去。

瓦特的这种凝结器分离的构想，的确是很奇妙。为了制造实际上能转动的蒸汽机模型，他在金格街口的牛肉市场内借用了一间旧仓库，在那里开始着手制造。对于人类来说，新蒸汽机将是一个伟大的发明。但是制造新的蒸汽器械需要一笔庞大的资金，这是瓦特所不能承受的。

蒸汽机的发明不仅促进了工业的大发展，以之为动力的蒸汽轮船、蒸汽机车也相继诞生了。上图为美国人富尔顿发明的第一艘蒸汽轮船。

【名副其实的蒸汽机】

1765 年，在迪克博士的推荐下，瓦特结识了罗伯克博士。罗伯克博士是当地有名的实业家，也是加伦铁工厂的创始人。他在巴拉斯特纳斯附近从事煤矿事业，所以非常关心煤坑内的排水问题。瓦特把蒸汽机的详细图解让人转交给罗伯克博士，但却一直没有消息。

直到三年后的 1768 年，瓦特突然收到了罗伯克寄来的一份合作方案。

方案的条件是：瓦特的 1000 英镑借款和申请专利的费用，以及此后的实验费用全都由罗伯克来负担，在取得了专利后，2/3 的权利则归罗伯克所有。

瓦特毫不犹豫地和罗伯克签订了合同，并开始立即着手制造直径 64 厘米气筒的大模型了。这年 8 月，瓦特看蒸汽机装置没有问题了，便马上去了伦敦申请专利。

第二年，也就是在 1769 年的年初，瓦特蒸汽机的专利终于被批准下来了，这一年，瓦特 33 岁。从最初开始做实验起，他足足花了近 10 年的时间。

专利批准下来了，瓦特便开始准备试验蒸汽机制造工作。在完成之前的一段时间，他决定在基纳伊尔的一所大房子里制造，那是罗伯克的房子，位于山谷中的小河边，用水方便，而且不被人注意。

他们招聘了足够的工人。制造蒸汽机用的材料，一部

罗伯克是一位成功的企业家，著名的卡伦钢铁厂的拥有者，在罗伯克的赞助下，瓦特开始了新式蒸汽机的试制，并成为新公司的合伙人。

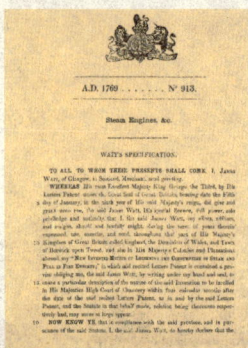
1769 年瓦特蒸汽机申请专利的文件。

博尔顿

罗伯克破产后，博尔顿接手了相关专利。瓦特与博尔顿从此开始了他们之间长达 25 年的合作。

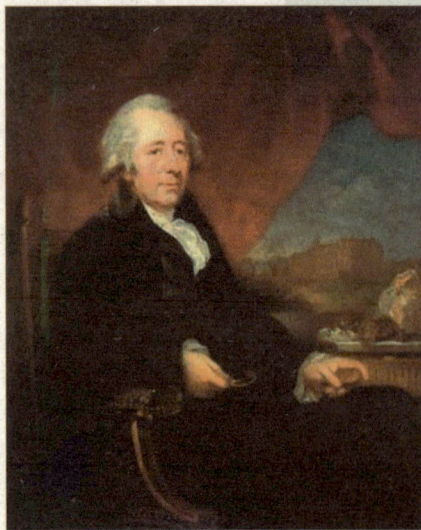

分从格拉斯哥瓦特的工作房运来，另外一部分则是从加伦铁工厂运来。整整 6 个月过去了，1769 年 9 月，瓦特终于完成了新蒸汽机的试验。

但是，蒸汽机的问题特别多，首先，凝结器的作用不好，加伦铁工厂所制造的气筒，也因为铸造不精良，根本就不能使用。其次，活塞的紧密不能保持。当瓦特继续致力于研究的时候，罗伯克破产了。瓦特只好借了很大一笔外债，使工作得以继续下去。

在罗伯克博士的介绍下，瓦特结识了博尔顿。博尔顿是伯明翰的大实业家。当时的伯明翰是英国机械工业中心，有"欧洲的大装饰品店"之称。博尔顿的工厂设在伯明翰以北约 3 千米的塞荷，工厂里有 1000 多名工人。他非常热衷生产钟表这一类东西，在竞争中，他生产的钟表替代了独霸英国市场的法国钟表，塞荷也一跃成为英国引以为豪的地方。

博尔顿对瓦特研究的蒸汽机械，非常感兴趣。在参观了塞荷工厂以后，瓦特特别震惊。他没有想到这里有这么好的设备，如果在这里制造蒸汽机械，一定会非常顺利。

为了蒸汽机的专利权，瓦特再度来到了伦敦，见到了博尔顿。从此，瓦特和博尔顿之间就始终保持着一种深厚的友情。在博尔顿的塞荷住宅里，瓦特过了两个星期的愉快日子。博尔顿知道了瓦特对于蒸汽机械的构想，并且表示，只要瓦特想继续研究，他一定支持他。

瓦特一生中最黑暗的日子，莫过于 1770—1774 年，这是寻找坚实后盾的 5 年。

1770 年 4 月，由于长期从事没有报酬的工作，使瓦特债台高筑。为了养活一家人，他不得不接受了年俸 100 英镑的运河工程技师的职务。蒸汽机的发明暂时停止。

18 世纪 70 年代初，英国被一种全民化的不景气所侵袭，伦敦破产者相继出现。这个余波甚至殃及全国各地，苏格兰所有的民间银行业者，也几乎都破产了。所以，进行中的运河工程计划，也突告中断了。从事土木技术工作的瓦特也因而失业了。

瓦特看测量技师这一工作没有用武之地了，便又开始想到了他所发明的蒸汽机了，但是没有想到，这时的罗伯克比瓦特还惨。因此，合同中承诺的要为瓦特的蒸汽机出资的罗伯克，仅仅付出了最初的 1000 英镑之后，就再也没有支付费用了。如果罗伯克不替瓦特付清这笔钱，那这笔债务就落在了瓦特的肩上了。然而，就在这时，1773 年秋天，瓦特的妻子玛格莱特离开人世。事业和家庭的双重挫折，没有打倒瓦特，他反而比以往更加努力地工作了。

债主们纷纷前来讨债，瓦特向他们解释蒸汽机的事情。但是，却没有一个人对蒸汽机专利权的价值加以认定，他们认为这是一种毫无价值的事业。

后来，终于有一天，博尔顿决定以罗伯克的债务作为抵偿，换取该项专利，为瓦特帮了大忙。不久，英国议会准予瓦特的专利期限由 14 年延长至 25 年；同时，专利区域也扩张到苏格兰全州，大发明家和大实业家共同携手从事蒸汽机发明和推广。

1774 年 5 月，瓦特来到伯明翰，开始专心致力于新蒸汽机的研制。他将蒸汽机零件一一拆解，把铁制品、气筒、唧筒等重要的零件，严密地包裹起来，由海路运送到了塞荷。蒸汽机零件一从基纳伊尔运来，瓦特就开始让人在塞荷制造厂里装配起来了。所幸的是，技工的本领很是优秀，所以一切都进行得很顺利。

对于人类来说，这是一个庄严的值得记忆的历史时刻——瓦特的蒸汽机终于发明成功了！

作为合作的一方，瓦特已经完成了他的任务。蒸汽机的发明已经完成了，这是很令人兴奋的事情。而对作为一个实业家的博尔顿来说，投入生产，被人们所接受才是最重要的事情。因为他首先要考虑前期的投资和后期的收益问题。只有把蒸汽机成功地用在工业化上面，才是他目前最重要的工作。

收获的日子终于到来了，一天，瓦特收到了两个订货单，是两个大蒸汽机的订货单。这两个蒸汽机的成功与否，非常重要。因为想安装纽科门蒸汽机的人们，在还没有见到瓦特蒸汽机的结果之前，都取消了订单。瓦特废寝忘食地制作设计图，因为有他先前完成的一部内旋盘机，使蒸汽机制作非常顺利。

1776 年的 3 月 8 日，瓦特和博尔顿为公众演示蒸汽机装置，他们把这部大型蒸汽机架设在布伦田地上，引来了

中年瓦特。1776 年，由瓦特的工厂成功制造出第一批新型蒸汽机，并应用于实际生产。这批蒸汽机由于还只能提供往复直线运动而主要应用于抽水泵上。在之后的 5 年中，瓦特赢得了大量的订单并奔波于各个矿场之间安装由这种新型蒸汽机带动的水泵。

周围人的围观。这一天，全国的矿业者以及科学界的名流们纷纷前来一睹这历史性的伟大时刻。巨大的蒸汽机发挥出它无比的威力，演示终于成功了！瓦特和博尔顿抑制不住的兴奋。

就在这次演示成功以后，他们在塞荷制造厂内设立了一个制造蒸汽机的工作场所，准备正式从事蒸汽机的制造。于是，他们之间签订了一个简单的合约：

1. 瓦特将 2/3 的专利权转让给博尔顿。

2. 博尔顿付清过去一切经费，并承担将来全部费用。

3. 所有账簿归博尔顿掌管，一年结算一次。

4. 瓦特负责设计和监督以及检验等工作，在一定的期间内，给予 300 英镑的年薪报酬。

5. 合约在公司成立的 1775 年 6 月 1 日起效，有效期为 25 年。

第二年 3 月，瓦特迁到塞荷附近的哈巴丘陵上的利杰恩兹居住。

由于对工人彻底实行分工的关系，塞荷制造厂不但培养了许多优秀的技术工人，而且工作效率也提高了不少。这对于蒸汽机的制造，是一个新的突破。可以毫不夸张地说，瓦特的蒸汽机械是时代的开路先锋。

为了更加节省人力，瓦特尽量使机械简单化，制造一种普通技工也能加以修理和操纵的蒸汽机。也就是从这时开始，他开始投入蒸汽机的改良，并把它改为利用蒸汽的膨胀力。从经济方面考虑，这种蒸汽机非常有价值，因为可以节省大量的蒸汽和热。

原理是这样的：当活塞升到气筒上部时，就把下面的活门关上，由上面的活门输入蒸汽，借膨胀力将活塞压下去，当活塞下降时，则关闭上面的活门，由下面输入蒸汽，将活塞推上去。

至此，瓦特完成了第二个伟大的发明。

纽科门蒸汽机单说它是气压机更为

瓦特的蒸汽机被广泛地用于煤矿。

恰当些，因为它是借大气压力来转动的。而后来，瓦特在其基础上改良的是，一半用蒸汽的力、一半用空气的压力而推动的机械。但是，这次的蒸汽机装置才完全由蒸汽的力量推动，从这个意义上说成为名副其实的蒸汽机了。

后来，这种利用蒸汽膨胀力的转动方法，有了意想不到的发展，这是瓦特当初所意想不到的。

对于英国的矿业来说，瓦特的蒸汽机无疑是一个救星。因为随着矿坑的加深，渗出的水也随着增多，纽科门蒸汽机再也不能把水抽上来了。这些矿业中，尤其以英国矿业中心的康瓦尔地区最为典型。

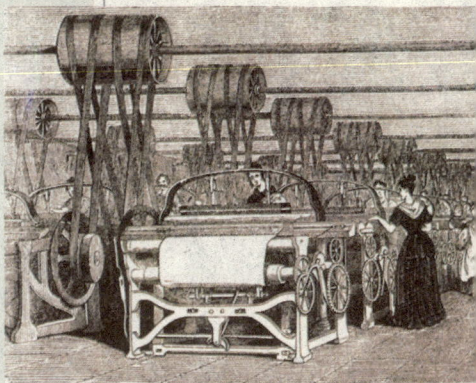

蒸汽机在英国的纺织业得到了广泛的应用。

这天，瓦特在康瓦尔矿山地区演示蒸汽机装置。蒸汽机发出轰然的巨响，抽动着唧筒，一下子就把坑内的积水全给吸光了。和普通的机械比较，这种蒸汽机只要消耗 1/3 的煤，就能抽取相同数量的水上来。

演示非常成功，起初对这个新蒸汽机抱着敌意的矿山业者们，看到这次实验以后都改变了态度。由于在康瓦尔矿山地区蒸汽机的成功，塞荷制造厂接到了许多订单。

从这时起，直到 1780 年三年间，他们陆续接到订单，一共订做了 40 架蒸汽机，其中就有 20 架是装置在康瓦尔地区。

天才的设计

17 78 年夏天，瓦特发明了透印版印刷法，这完全是出于自身的需要才发明的。那时，瓦特有许多必须要写的信件，所以常常为了抄写许多秘密信笺或文件而大伤脑筋。于是，他发明了一个经由透印版来复印信笺的好方法。这个方法就是把用黏液质墨水所写的东西，放在潮湿的纸张上面，用滚筒用力挤压。

最初，瓦特把这个透印版印刷法仅仅是留做自己用。但到了后来，当他知道有人找了那架机械而想借此发财的时候，他这才在 1780 年的 5 月取得了专利权。

这年年底，连最初的 150 架也统统卖完了。可是，订单还是像雪片似的飞过来，甚至国外也订制了 30 架，到了后来，这种复印机几乎遍布了每一个生意兴盛的行业。

利用透印版印刷法，瓦特提高了工作效率。1780 年 5 月，瓦特取得此项发明的专利权。

1781 年，瓦特的助手默多克发明了一种称为"太阳与行星"的曲柄齿轮转动系统，并以瓦特的名义成功申请了专利。这一发明绕开了曲柄专利的限制，极大地扩展了蒸汽机的应用。

就在这时，瓦特有了制造旋转机的想法。因为当时所有的蒸汽机只是做上下运动，如果能制造一种旋转运动的机械，用途将会更加广泛。它可以用于纺织业、也可用来推动车子。此外，像金属工业、制造厂、造酒厂等一般的制造工业方面都可以利用。

于是，瓦特信心百倍地投入研制工作，新的发明果然很快问世。这个速度也许只有天才的发明家才能做到。因为他利用曲柄——一种极为平常的机械设备，当时被广泛地用于纺织机器以及各种手摇磨刀石上。瓦特将曲柄用在了蒸汽机上，将上下运动改为旋转运动，这的确堪称是一种天才的设计。

1782 年，瓦特取得了旋转机械的专利权。就在这时候，瓦特的得力助手默多克也设计出一种叫日月齿轮的东西，刚好这个日月齿轮可以代替曲柄。

与此同时，瓦特也取得了复动机械的专利。过去的蒸汽机是一种单动机械，蒸汽只能由活塞的一边导入，而所谓的复动机械，则是用活塞的两头轮流导入蒸汽。同样大小的气筒，却能比单动机械增加两倍的动力。

随着复动机械的出现，横梁和活塞的连接出现了问题。在复动蒸汽机方面，活塞具有一拉一推的作用，所以需要设计一种使之连接于横梁上的活塞杆，能够上下弯曲地做垂直的上下运动。

1782 年，最初的旋转机械完成。他们成功地接到各方面的订单，如研磨玻璃业、生铁业等很多方面。

在没有旋转机械以前，用来作为动力的除了水车之外，大半都是利用马的力量。那时，以马作为动力而加以使用的技术工人们，

位于英国第二大城市伯明翰街头的博尔顿、瓦特、默多克的镀金雕塑。

对于马的能力知道得很清楚。瓦特根据这些资料，计算出了还不能说是科学化的计算。在 1782 年计算出一匹马有 82 千米的牵引力，在直径 7.3 米的直道上，一分钟能来回 2.5 次。

到了第二年，瓦特才算出了一种完全合理的答案——一匹马在一分钟内，将 1500 千克的重量，可以举高至 30.5 厘米。

根据这一原理，瓦特给马的力量下了定义。此后，商会所制的蒸汽机也都分别标明是几马力。直到现在，"马力"这个名称还是用来标注所有的蒸汽机。

在英国伦敦，第一个装设这种旋转机械蒸汽机的就是固特维因公司的酿造厂。此后，瓦特他们陆续收到订单，结果全伦敦的酿造厂，几乎都用这种蒸汽机。

1784 年，瓦特取得了平行运动装置的专利。平行运动也可以说是三杆运动，利用三根杆子的运动转为一种直线运动，而由这种直线运动来使活塞杆运动。

一直以来，瓦特都对这个发明很得意。他曾对儿子说："在我所发明的东西里面，只有平行运动装置这一项，最使

到 19 世纪 30 年代，瓦特蒸汽机被广泛应用到纺织、冶金、采煤、交通等部门，使西方世界发生了翻天覆地的变化。瓦特蒸汽机的发明有力地促进了欧洲 18 世纪的产业革命，推动世界工业进入了"蒸汽时代"。

如果说瓦特的中年时期是在拼搏中度过,那么他的晚年则是在财富和荣誉的光环里度过的。

我感到骄傲。"

在这之后,瓦特又发明了一种重大的东西,那就是调速器。

以前,单动的唧筒机械的活塞速度,并没有用手来调整快慢的活门。可是,为了使速度平均起见,复动的旋转机械就必须装上一种自动的调整器,而调整器的发明,就是在这样的情况下完成的。

就在这一年,瓦特和博尔顿在伦敦设立了亚尔比恩面粉厂。两年后,工厂的准备总算大功告成了。他们所制造的蒸汽机有 50 匹马力,气筒的直径是 2.2米,杆子的长度有 5.7 米。因为装置了两架这么大的蒸汽机,借着这两架蒸汽机的动力,能使直径 3.5 米的两座石臼同时转动 12 次。

可以毫不夸张地说,亚尔比恩面粉厂的制粉量,1 小时可达 5 吨,可以说是当时最大的机械化工厂,因此成为了伦敦的名胜之一。每天到亚尔比恩面粉厂来参观的人川流不息,甚至还举行了别开生面的舞会,那里已经成为一个社交场所了。

从 18 世纪末到 19 世纪初期的 80 年,被称为英国工业革命的时代。由于工业革命,英国才得以长久地成为世界的霸主。

早在 1769 年,瓦特就首次取得了蒸汽机的专利权;同年,阿克特莱发明了纺织机。1785 年,瓦特的旋转机械首次装置在诺克的一家棉布工厂里。同年,阿克特莱的纺织机的专利期限满了,意味着任何人都可以自由地制造纺织机了。这一年,是英国工业发展的黎明时期。

瓦特和博尔顿的努力终于得到回报,这是他们多年奋斗的结果。他们为了扩充事业,常常是入不敷出。而到现在,他们的收入已经成倍地增加了,所以经费困难期已经度过。这时,当初学习专门技术的工人,现在都已经成为技术熟练的技工了。塞荷制造厂也因此能够制造出世界上最为优秀的机械了。

阁楼里的晚年

1795 年,59 岁的瓦特宣告退出了工厂,他的儿子詹姆斯和博尔顿的儿子罗宾逊继续共同经营这个庞大的事业,并由默多克担任两个年轻人的事业顾问。

瓦特一辈子的兴趣就是发明,即使到了晚年,他依然努力地继续从事发明。晚年的瓦特,一改从前的沉默害羞,变得很喜欢社交。有时候,他出席有关的俱乐部,还会用带着他那浓重的苏格兰乡下口音说上一些笑话,让气氛变得极为轻松热闹。他还加入了当时英国由科学家成立的最为著名的协会——圆月学社，并发现了用氯作为漂白的方法，这就是日后"漂白粉"的前身。

1800 年，瓦特的蒸汽机专利权的期限一到，他们就不能再像以往那样收到蒸汽机的使用费了，所以他们打算提高蒸汽机的质量和效率，增加设备，制造出更优秀的蒸汽机，和其他的蒸汽机业者竞争。于是，瓦特和博尔顿便开始着手制造新的工厂。

新工厂位于连接伯明翰和瓦尔巴·汗普顿运河的一个交通要地，运输十分便利，离塞荷制造厂只有几千米远。

瓦特的发明给伯明翰带来了迅速的发展，而他的家——一座古老的寓所已经陷于郊区建筑物的包围之中。逐渐老去的瓦特已经很不习惯这样热闹的地方，他向往清净和安详。

于是，他便搬到了希思菲尔德修建的那所新居。这里的房子是 1790 年由赛缪斯·怀亚特设计的。房子周围 40 多英亩的荒地都是他特地买下来的，他在那里栽了一些树，还盖起了门房和温室，还有一个围墙的菜园。如今，这些树都长成了大树。曾经是荒凉的地方，如今成为美丽的田园风景，让人心旷神怡。

这段日子，是瓦特一生中最幸福的时光。但是平静的

希思菲尔德寓所里的阁楼工作室。在这个阁楼里，瓦特一直没有放弃自己的发明。

瓦特雕像。一生之中，瓦特刻苦学习，孜孜不倦地致力于科学事业，在前人成就的基础上，发明了蒸汽机，为人类科学技术的发展做出了划时代的贡献，各国人民都怀念他。

晚年中，使他始料不及的是他一连失去一双儿女。1794 年，瓦特 15 岁的女儿珍妮特死于肺结核。1804 年的 10 月，珍妮特的哥哥格雷戈里也因感染肺结核病逝，年仅 27 岁。

痛失亲人的悲伤，一直吞噬着晚年的瓦特。为了排解内心的痛苦，瓦特便埋头于新的发明中，这个新发明是专门为了治疗肺病而设计的一种吸入气体的装置。

在希思菲尔德修建的寓所里，瓦特一直都没有放下他的发明研究。在厨房侧厅的顶层，是一个由一道窄楼梯通上去的低屋顶阁楼，这个阁楼成了他的工作间。

一架复印雕像的机械消磨了瓦特悠长的晚年岁月。那是他在巴黎时所发现的东西，法国人称为赏牌旋盘，英国人称为肖像旋盘。一回到英国，瓦特马上着手完成这个工作。雕像复制机的发明就是在阁楼上进行的。

1807 年，瓦特完成了雕像复制机的制造。以前的复制机，只是可以复制同样大小的机械。而瓦特发明的这个，却是可以任意缩小，而复制出更为完全的形象出来。

为了用自己发明的雕像复制机来复制实物的肖像，瓦特还从有名的雕刻家那里借来了亚里士多德、苏格拉底等的肖像。瓦特如痴如醉地钻研着肖像的复印，有时候，他甚至把自己关在阁楼里整整 40 个小时。

1809 年 8 月 19 日，81 岁的博尔顿离开了人世。听到博尔顿去世的噩耗后，瓦特立刻写了一封哀悼信，他在信中写道："具有他那种才能者为数不多，而像他那样发挥自己才能的人更是很少。像他那种对人豁达大度和满腔热情的品质的人，是很难找出第二个来的。"

晚年的瓦特获得了许多荣誉。他曾在 1784 年当选为爱丁堡皇家学会会员。1785 年，当选为英国皇家学会会员。1806 年，格拉斯哥大学授予他法学博士荣誉学位。1814 年，被法国科学院接纳为 8 名外籍会员之一。

财富给瓦特带来的是更加平静的心境，而荣誉对他来说，只是带来了尊严。当蒸汽机正在影响改变着人们的生活时，这样的荣誉和财

富是他应该得到的。在这位让人肃然起敬的老人身上，我们再也找不到他的怯懦和忧郁，相反的，他的头脑却更加敏锐和充满活力。

1819 年 8 月 19 日，83 岁的瓦特被疾病所困，在希思菲尔德郡的家里去世，遗体埋葬在汉德沃尔斯郊区的教堂里。

瓦特为蒸汽机的发明及推广使用做出了不可磨灭的贡献，有力地推动了社会的前进。恩格斯在《自然辩证法》中这样写道："蒸汽机是第一个真正国际性的发明……瓦特给它加上了一个分离的冷凝器，这就使蒸汽机在原则上达到了现在的水平。"

后人为了纪念这位伟大的发明家，把功率的单位定为"瓦特"。

瓦特墓

在瓦特的讣告中，对他发明的蒸汽机有这样的赞颂："它武装了人类，使虚弱无力的双手变得力大无穷，健全了人类的大脑以处理一切难题。它为机械动力在未来创造奇迹打下了坚实的基础，将有助并报偿后代的劳动。"

大事年表

1736 年	1 月 19 日,诞生于苏格兰西海岸、克莱德河口的格利诺克。
1754 年	来到格拉斯哥的眼镜店做学徒。
1755 年	前往伦敦。
1757 年	在格拉斯哥大学内开设数学仪器店。
1764 年	与玛格莱特·米拉步入婚姻的殿堂。
1768 年	与实业家罗伯克开始合作。
1769 年	年初,取得蒸汽机的专利权。9 月,完成新蒸汽机的试验。
1770 年	债台高筑,不得不接受运河工程技师的职务。
1773 年	秋,妻子玛格莱特离开人世。
1774 年	来到伯明翰,成功制造出新的蒸汽机。
1782 年	取得了旋转机械的专利权。
1785 年	旋转机械首次装置在诺克的一家棉布工厂里。
	当选为英国皇家学会会员。
1809 年	81 岁的博尔顿离开了人世。
1814 年	成为法国科学院 8 名外籍会员之一。
1819 年	8 月 19 日,在希思菲尔德郡去世,遗体葬在汉德沃尔斯郊区的教堂里,享年 83 岁。

斯蒂芬森

Stephenson

　　铁路交通的发展，改变了人类生活。如今，铁路已经遍布全世界，新的铁路正在不断修建。无数的火车，不分昼夜，正飞奔在城市、乡镇和国家之间。这一广阔的发展前景，都得益于英国伟大的工程师——斯蒂芬森的创造和发明。

　　斯蒂芬森是一位从最底层的穷苦矿工中走出来的发明家。他一生未受过正规的文化教育，但他刻苦自学，勤于钻研创新，发明和制造了世界上第一台蒸汽机车，被尊为"铁路之父"，开创了人类交通史上的新纪元。

17 岁的文盲

1781 年 6 月 9 日，斯蒂芬森出生于英格兰北部诺森伯兰（今纽卡斯尔）的华勒姆村。父亲是煤矿工人，母亲是普通的家庭妇女。全家仅靠父亲一人挣钱养活，生活非常困苦。

斯蒂芬森是家中较大的男孩，得帮助父母照料弟妹，为父母分担家庭重担，8 岁的时候，他就去给人家放牛。10 岁的时候，他就在煤矿上做些零活。

14 岁时，斯蒂芬森跟随父亲到煤矿正式做工，成为煤矿上的小童工。当时，煤矿里已经广泛使用瓦特改良的蒸汽机抽水。斯蒂芬森来到矿上，先是担任蒸汽机司炉的助手，擦拭机器，给机器加油，做烧火工。

斯蒂芬森非常喜欢钻研，他对蒸汽机能带动抽水机非常感兴趣。别人修理机器时，他在旁边细心观察，了解机器的构造和性能。时间长了，他竟然还利用业余时间用泥巴制作成了蒸汽机、锅炉、汽缸、飞轮，做得和真的一样。

一天，煤矿发生了事故，蒸汽机停止发火，所有的机械师和机匠们都回家

爱钻研的斯蒂芬森用泥巴做成蒸汽机部件。

休息去了，斯蒂芬森一个人在矿里看守蒸汽机。他在巨大的机器周围走来走去，观察机器的异常，猛然间，他突然想到，可以把它拆开来清洗一下。

在征得了煤矿主任的同意后，斯蒂芬森立刻动手拆了起来。他把蒸汽机全部拆卸开，一件一件地仔细研究：活塞是怎样的、气筒是怎样的、飞轮是怎样的……他逐一看明白了，知道了动力的原理，就想把机器装配成原来的样子。结果，一直弄到满天星斗，才把整个机器装好了；但他后半夜几乎没有睡，他一直担心机器明天出大问题，耽误了生产，主任会责罚他。第二天，斯蒂芬森匆匆赶到煤矿，没有想到蒸汽机完全好了，转动非常灵敏，煤矿主任从此对斯蒂芬森另眼相看。

由于这次实践，斯蒂芬森对蒸汽机开始了解，他的兴趣更浓了，他渴望自己也能制造一台机器。于是，他模仿着拆装过的那台蒸汽机，试着画了一张草图，送给煤矿上年轻的工程师尼古拉斯·伍德看。伍德称赞斯蒂芬森钻研创新的精神，但是草图缺乏详细的表述，否则应该是一个非常可行的发明。之后，伍德鼓励斯蒂芬森说：

在英格兰的华勒姆村仍可看到斯蒂芬森诞生的小屋。里面的家具仍按当时的风格摆设着。

"一切知识，书本上都有记载。"

事实上，这时已经17岁的斯蒂芬森根本就没有上过一天学，是一个连一个字都不认识的文盲。伍德的肯定给了他很大的信心，他决定从头学起。

斯蒂芬森开始在附近的一所夜校里读书。他从此节衣缩食，把每一分能省下来的钱都积蓄起来，用来选购必要的书籍和缴纳学费。白天他要到煤矿干活，随身带着书本，不放过可以利用的分分秒秒。晚上回家吃过晚饭，就伏案灯前，如饥似渴地攻读。为了贴补家用，他还得抓点空暇时间给人家刷补皮鞋，修理钟表。

在夜校里，斯蒂芬森是年龄最大的，但他一点也没有感觉自卑。随着时间的推移，他的知识也逐渐增多。他阅读各种科学知识的书籍，探求蒸汽机的奥秘。这样，他不仅熟悉了各种机器的使用情况，而且掌握了它们的理论知识。

安全灯之争

19岁时，斯蒂芬森已经是矿上一名艺高技深的机械师了。1802年，21岁的斯蒂芬森同芬妮·韩德逊小姐在纽朋教堂结婚。婚后不久，他们就有了一个儿子，斯蒂芬森为儿子起名叫罗勃。他们一家人生活得非常幸福，然而，天有不测风云，就在小罗勃3岁时，芬妮得了重病不幸去世。伤心欲绝的斯蒂芬森只好将儿子交给他的妹妹蕾莉照顾，自己独自北上到苏格兰蒙特罗斯矿担任一台新型瓦特蒸汽机的操作工。

斯蒂芬森对每一样机械的操作和修理都有特别的兴趣和才干，附近的矿主不久后都开始对他另眼看待。

有一次，煤矿上装有一台新型而且价格昂贵的纽可门泵压机器，但使用一年来常出毛病。煤矿主人请了许多人来修理，可是没有一个人能找出它的真正毛病。大家看着这台机器，束手无策。机器一停，煤矿就要变成一个水潭了。

因为斯蒂芬森闲暇时经常经过

英国工业革命的发展促使了工厂对煤的大量需求，而矿井下的明火照明经常引起瓦斯爆炸，矿工们需求解决井下的安全照明方式。

此地，对这台总是出毛病的机器有过一些了解和观察。后来，经过他的修理，机器竟然转动了起来。煤矿矿主因此给斯蒂芬森升了职。到了1812年，31岁的斯蒂芬森已经升任机械工程师，掌管全矿山的机器，并且有了可观的收入。

斯蒂芬森具有发明家的天才头脑，他在家里不断研究和制作一些机械。因为对一些新奇玩意儿的发明和对机械的高超技能，使斯蒂芬森在当地小有名气。

工业革命促进了英国工业的迅速发展，工业的发展使得对煤炭的需求急剧增加。但是，当时煤矿内的爆炸事故也层出不穷，矿工死伤很多。一心追求利润的矿主们深怕受到舆论的谴责，竭力掩盖爆炸事故的真相，阻止这类消息的传播。

英国北部各矿陆续发生了较大的爆炸事故，这引起了各界人士极大地关注。英国慈善团体组织的"防止煤矿事故协会"邀请化学家汉弗莱·戴维对煤矿内常发生爆炸的原因及防止发生爆炸的方法进行研究。

1816年，经过多次研究和实验，戴维研制的安全灯正式问世，矿工试用后，功效良好。就在戴维在伦敦紧张地研究安全灯的时候，斯蒂芬森在家中也进行了另外模式的安全灯的实验。

斯蒂芬森工作的坎林沃斯煤矿数十年来常因明火照明引起矿井起火爆炸，他目睹一次次悲惨的事件，决心为防止爆炸而改进明火照明灯。1815年12月，斯蒂芬森在纽塞文哲会上做了演讲，公布了他研究的安全灯。

斯蒂芬森制作的安全灯，空气是从装油容器侧壁上的圆形小孔流入的，接着经小孔又将空气引进两块板之间，最后通过一连串的小孔引向火焰。

后来，戴维的安全灯拿到纽塞来展览时，许多人都认为这灯和斯蒂芬森制作的灯一模一样。戴维的安全灯得到了公众的认可，他获得了2000英镑的酬劳，而斯蒂芬森只获得了100英镑的奖金。

为了得到应有的尊崇与认可，斯蒂芬森与戴维之间引发了一场安全灯专利之争。

1817年11月1日在纽塞大会堂举行了一次大会，会上公布了斯蒂芬森研制安全灯的全部经过。锡匠何格证明1815年10月7日斯蒂芬森携带自己的设计图来店里请他制作安全灯；许多矿工证明，早在8月间此灯已在矿井里试用，斯蒂芬森的儿子罗勃和朋友伍德都曾参加过研制工作，将危险气体带回家中，试验时曾发生气体反燃现象，但并未爆炸。斯蒂芬森改进后的安全灯是在11月4日完成，实际应用于矿井中的是11月24日

斯蒂芬森在矿井下试验自己发明的安全灯。

第三次改进的灯，在12月间正式公布于文哲会上。

结果大会认为斯蒂芬森没有剽窃戴维成果的可能，认为斯蒂芬森应享有同一奖励，因而奖励斯蒂芬森1000英镑及一银质纪念杯，银杯上镌刻着"第一位运用安全灯原理的制造者"的字句。

大会报告发表10天之后，戴维致函大会委员会，他认为斯蒂芬森欺骗了大会委员会，侵犯了他本人的荣誉。直到去世，戴维也不相信斯蒂芬森这位贫贱及少有化学知识的工人会发明安全灯。

这场安全灯之争一直持续到1883年英国国会下议院的一个委员会出面调解始告平息。该委员会宣布，斯蒂芬森的发明经证实非假，"乔治事实上是在成名科学家戴维之前已阐明了安全灯制造原理"，荣誉应该共享。

斯蒂芬森因为经历了这场安全灯之争的纠纷，从而更加坚定了他对科学事业的热情。

第一台蒸汽机车

汉弗莱·戴维（1778—1829），英国著名化学家。他用电解方法研究化学元素，发现并制得了钾、钠、镁、钙、锶、钡、硅、硼等元素的单质，成为化学史上发现元素最多的化学家。19世纪初，因安全灯专利问题，戴维与斯蒂芬森发生了争执。

斯蒂芬森生活的时代正逢第一次工业革命。瓦特蒸汽机的发明和广泛使用，使手工业性质的小生产发展成大生产，人类开始进入蒸汽时代。

这是科学技术史上划时代的成就，它结束了机器对畜力、风力和水力的依赖，为机器的广泛运用和工厂制度的发展创造了必要条件。就在1819年瓦特去世后不久，蒸汽机的应用越来越广泛，很快就从工厂走向了交通运输机械。

瓦特蒸汽机在交通工具方面的应用，首先是从蒸汽机船开始的。1807年，美国发明家罗伯特·富尔顿造出了直径45米长的蒸汽机船，并成功试航，在美国引起了巨大的轰动。后来，这种蒸汽机船在使用中不断进行改进，从内河航行走向漂洋过海，成为当时世界水上主要的交通工具。富尔顿开辟了世界水上交通史的先例，曾一度成为美国的骄傲。

蒸汽机在水上航行的成功导致了火车的问世。事实上，早在1769年，法国的军事工程师尼古拉斯—约瑟夫·居纽，就已经制造出了世界上第一辆蒸汽机车。尽管他的设计很粗糙，技术上也有很大的漏洞，但却证实了蒸汽机可以用来牵引车辆。

1769年，法国工程师尼古拉斯—约瑟夫·居纽制造出了世界上第一辆三轮蒸汽机车。

1801 年，英国工程师特列维蒂克研制出了第一辆在铁轨上行驶的蒸汽机车，行驶状况良好，但特列维蒂克的机车没有被人们接受。

1801 年，英国机械工程师特列维蒂克制造出一台蒸汽机车。这部机车在试车时不是在铁轨上行走，而是在平地上行走。特列维蒂克点火烧气后，就跑到一边喝水去了，结果机车失去控制撞进一间民房，机车也烧坏了。

1804 年 2 月，特列维蒂克在自己制造的蒸汽机车上载着 10 吨铁和 70 名乘客，成功地跑了 16 千米。后来，他又做过多次尝试，改进了类似的机车，都取得了成功。但由于英国当时的运河货运比较发达，人们难以接受这种可怕的火车头。特列维蒂克灰心丧气，就不再制造机车了。

后来，斯蒂芬森开始投入了对火车的研究。他想，煤矿上的蒸汽机能把深井里的水抽上来，特列维蒂克制造的机车能拉得动十几吨重的东西，这力量是从哪里来的呢？经过仔细观察，反复思考，他终于悟出了其中的奥妙。原来，火车拉得多，跑得快，靠的全是蒸汽机。为了掌握蒸汽机的原理，斯蒂芬森步行 1000 多千米，特意来到瓦特的故乡苏格兰，在那里工作、学习，研究了一年，实地考察了各种类型蒸汽机的特点。

从瓦特研究发明蒸汽机的过程中，斯蒂芬森明白了能量转变和能量守恒定律。煤燃烧放出能量，水受热变成蒸汽得到能量。蒸汽的能量推动活塞往返运动，带动车轮旋转，火车便向前运动了。所以，汽缸里的蒸汽温度越高，能量就越大，火车就可以拉很多的货物，而且比马车跑得更快。

1814 年，经过多次研究和试验，斯蒂芬森终于制造出了他的第一台蒸汽机车（火车头），他把这台机车命名为"布鲁海尔"号。"布鲁海尔"号有两个汽缸，一个 2.4 米长的锅炉，火车头是凸缘式车轮。7 月 25 日，斯蒂芬森对"布鲁海尔"号进行了首次试车，吸引了不少人前来观看。这辆火车有 8 节矿车，载着 30 吨煤，在一条马拉轨道上向前奔驰。

这次试车结果非常成功，但却暴露了一些问题：机车行驶速度很慢，从坎林沃斯煤矿到港口，距离不到 15 千米，行驶了近 2 个小时；由于没有装配弹簧，车开起来，震动得很厉害，连路基都震塌了；放汽时声音尖得吓人，把沿线附近的牲口惊得乱跑乱叫，引起农民恐慌。一些原来赞成试验蒸汽机车的官员，现在也开始反对，断言用蒸汽机车作交通工具是不可能的。

然而，斯蒂芬森并没有气馁，他决心对火车头继续进行研究和改进。经过改进，1815—1816 年，他又制造了两

特列维蒂克研制的蒸汽机车

台更为完善的蒸汽机车，分别是"威灵顿"号和"我的上帝"号。机车的牵引力和行驶速度都有显著的提高。第一台机车的许多地方都是根据特列维蒂克的机械制作的。而第二台机车则完全是斯蒂芬森独立发明的，通过装在外部的连接杆连接车轮，减免了许多粗制的齿轮。

不断地成功和收获的喜悦给了斯蒂芬森很大的鼓励，使他逐步向更高更广阔的方向迈进。

斯托克顿—达灵顿铁路

在研究蒸汽机车的同时，斯蒂芬森也非常重视对主机以外的辅助系统的研究。

1819 年，斯蒂芬森在纽塞附近的黑顿矿区铺设了第一条全新的铁道。这条铁道全长 13 千米，其中有 2 千米在山区使用固定引擎，有 4.8 千米仍利用两面自然重力辅助，其余部分全用蒸汽机车牵引。

当时，许多国家都还停留在以马车为交通工具的阶段，斯蒂芬森已经开始独占矿冶蒸汽机车的使用和生产。虽然他的机车很粗糙，而且仍在试验改进中，但来自各国和各地的参观者络绎不绝。斯蒂芬森制作的蒸汽机车一经在煤矿上使用，很快就显示出了它的无比优越性，使运输效率大幅度上升，改变了煤矿原来运输落后的面貌，从而为增长煤炭生产创造了极大的有利条件。

斯蒂芬森特别注重儿子罗勃的教育，他让儿子接受到良好的教育。罗勃终于没有辜负父亲的重望，后来成为父亲的得力助手。1820 年，斯蒂芬森与伊丽莎白·海德玛举行婚礼。婚后不久，他又投入到忙碌的工作之中。

1821 年 4 月 19 日，英国议会通过了修建斯托克顿—达灵顿铁路的议案。修建这条铁路的发起人是一个叫爱德华·皮斯的富商。他写信邀请斯蒂芬森为这条铁路做一次测量。这年 7 月，斯蒂芬森正式被委任担任该公司的工程师，负责测量和修筑这项工程。26 岁的年轻人约翰·迪克森和他 18 岁的儿子罗勃成为斯蒂芬森的助手。

这条铁路的修建，是铁路工程上的创举，斯蒂芬森立下不少规则，数百年后直至今天，仍为铁路工程

英国富商爱德华·皮斯。在他的邀请下，斯蒂芬森加入了修建斯托克顿—达灵顿铁路的行列。

斯蒂芬森对儿子罗勃的影响很大，他经常给罗勃教授一些蒸汽机车的问题。

上遵循的规范,例如,铁轨宽度选定 1.463 米（现在轨距为 1.435 米）,至今英国及世界上大多数国家都采用此标准。

1822 年 5 月 30 日,这条铁路的第一段铁轨在斯托克顿正式安装。举行了盛大的开工典礼,斯托克顿市市民举行庆祝游行,市内钟声鸣响及港内大小船只汽笛齐鸣,礼炮声不绝于耳。300 多名手持铁锹的铁路工人开始了一项新的工程,斯蒂芬森和工作人员一起工作。

1823 年 5 月 30 日,英国国会通过了火车法案。谁来制造蒸汽机车呢？在当时没有一家专门的机车制造工厂。6 月,斯蒂芬森父子和皮斯及制造锻铁钢轨的铁工厂主迈克决定共同出资,合作开设一家机车制造工厂。

这是世界上第一个机车制造工厂,他们在纽塞的福街购买土地,雇佣工人,开始为斯托克顿及达灵顿公司制造两部火车头。斯蒂芬森在这种机车的对轮上首次采用了联轴组装,使机车的性能比过去大大提高了一步。

为了流通空气,减少噪音,斯蒂芬森把汽缸里的废气,用小管通到烟筒里去,利用小管里蒸汽向上冲力,使煤烟出得比原来更通畅,使炉膛中的空气循环加快,煤也就烧得更旺了。

经过这一系列的改进,斯蒂芬森终于造出了牵引力大、运行安全的机车"旅行 1 号",为火车的制造和发展奠定了基础。1825 年,斯托克顿—达灵顿铁路如期圆满竣工。

在铁路修建的过程中,铁路公司根据斯蒂芬森的要求允许使用蒸汽机车,使斯托克顿—达灵顿铁路成为有史以来第一条公用客货运输的火车路。

1825 年 9 月 27 日,斯蒂芬森制造的"旅行 1 号"机车,在这条铁路上进行试车表演。"旅行 1 号"列车全长约 122 米,共由 38 节车厢组成,其中有 6 节煤车。内部装有坐垫、地毯、方桌、座位,外形类似驿车,共载重 90 吨。

斯蒂芬森的"旅行 1 号"机车

斯蒂芬森亲自操纵着机车，蒸汽引擎吸入大量气体，又放出部分蒸汽，呼呼作响。在观看者的欢呼声中，列车优雅起动，向前开进。"旅行1号"以24千米的时速向斯托克顿开去。

这就是世界上出现的第一条公用铁路，而奔驰在它上面的火车也就是当时轰动了英国和欧美的"怪兽"。

这次试车的成功，使铁路运输登上了历史舞台。从此，在人类陆上交通运输发展史上开创了一个新纪元。虽然当时有一些人非常反对，甚至在报纸上大力宣扬火车的种种缺点，然而，这些说法终究无法阻挡铁路交通事业的飞速发展。

1825年9月27日，斯蒂芬森设计并制造的"旅行1号"从达灵顿驶往斯托克顿。这被认为是人类历史上第一列商用蒸汽机车牵引在铁路上行驶的旅客列车。铁路运输事业从此诞生了。

【"火箭"号机车】

19世纪初，曼彻斯特和港口城市利物浦发展迅速。而如何把货物运到港口和运出港口是当时最大的问题，解决迫在眉睫。

斯蒂芬森指挥修建的斯托克顿—达灵顿铁路及蒸汽机车的运行，使人们认识到蒸汽火车带来的方便和优越。1821年，修建利物浦至曼彻斯特铁路的方案随之诞生。斯蒂芬森负责修建这条铁路的勘测和设计。

第二年，斯蒂芬森正式上任。他的儿子罗勃担任助手工作，在测量工作中遇到许多困难，其中工作条件远比斯托克顿—达灵顿铁路艰苦。

经过两年艰辛的工作，到了1824年，斯蒂芬森终于完成了铁路的勘测工作。由于他工作方面表现得很出色，继而又被聘为修筑这条铁路的总工程师。

1825年2月，斯蒂芬森提出了工程设计方案和工程预算。铁路公司认为此方案具有很强的可行性，便立即将它送往英国议会立案，同时在新闻界展开宣传。然而，令斯

斯蒂芬森在主持修建从利物浦到曼彻斯特的铁路。1830年，这条世界上第一条现代意义的铁路线建成。

在修筑利物浦至曼彻斯特之间的铁路时，由于地形复杂，斯蒂芬森修筑了许多桥梁和隧道来保证铁路几近直线的要求。

蒂芬森没有想到的是，在英国议会进行铁路方案讨论时，有一批持反对意见的议员聘请8位法律顾问出庭想一举击败斯蒂芬森，使铁路方案不被议会通过。

这批反对者以火车时速过快会使公众产生恐惧心为理由大放厥词，他们认为这样会导致孕妇流产，奶牛不吃草，母鸡不生蛋，空气受到污染，野生禽兽绝迹，土地贫瘠……这些言论使倡导建设铁路的人也为之恐惧。加上斯蒂芬森语言表达能力不佳，所以议会答辩极不成功。结果，斯蒂芬森的方案未被通过。这段日子是斯蒂芬森一生中最黑暗的时期。

1826年，就在方案未被通过的一年后，斯蒂芬森终于看见了曙光——反对者一贯保守的思想终于被驳倒，英国议会终于通过了修建利物浦—曼彻斯特铁路的方案。

这年初夏，铁路的建设正式动工。在修建斯托克顿—达灵顿铁路的过程中，斯蒂芬森总结了一条修建铁路的重要原则，即尽可能地减少铁路的弯度和路面的坡度，使铁路不论在侧面还是在平面都最大限度地接近于直线，以利于行车。但是，在实际修建中，斯蒂芬森发现，还有许多复杂的工程技术问题需要解决，例如铁路桥梁的设计，涵洞的开凿，路堤的修筑等。

面对这项艰巨的任务，斯蒂芬森亲自率领助手们到沿途各地，进行实地观察和勘测，他还收集了大量有关桥梁建筑、钢铁冶炼方面的专业资料，作为参考。

1827年3月，斯蒂芬森的助手约瑟夫·洛奇在给罗勃的信中说，最近的一切进展使斯蒂芬森恢复了以前的声誉："不幸事件造成的伤害已消失，他现在的境遇和地位，充满着光彩，这将使他的声名永垂不朽。"

1830年9月15日，利物浦—曼彻斯特铁路终于顺利通车。这条铁路后来被人们称为"斯蒂芬森学派"铁路建筑工程的典范，对世界各国的铁路建设产生了深远的影响。

斯蒂芬森在修建铁路的同时，继续致力于蒸汽机车的研究和改进工作。他的儿子罗勃于1828年1月回到纽塞的蒸汽机车工厂，父子二人一起为研制新的机车并肩作战。

1828年是修建利物浦—曼彻斯特铁路

最艰苦的一年。建筑工程艰巨，资金严重短缺，社会反对的呼声仍然不断。铁路局向英国政府融资 10 万英镑，于是英国政府选派了一名无派系的专家，调查研究利物浦—曼彻斯特铁路的实际情况。这位专家是在英国和欧洲享有盛名的建筑工程师汤麦斯·德尔福，当时，他已经有 72 岁高龄。德尔福不了解蒸汽机车行驶在这条铁路上有什么作用，认为在该路线上应该废除兽力拖曳，而使用固定引擎。这和斯蒂芬森设计的部分使用固定引擎及绳索装置于斜坡地带牵引车厢，主要动力仍靠蒸汽机车极为不同。

后来，斯蒂芬森撰写了一篇 4 千字的论文说明使用蒸汽机车的种种益处，并附有图表和数字来证明。但德尔福组织的调查人员仍然偏袒固定引擎。为了解决使用固定引擎和蒸汽机车的争端，1829 年 4 月，铁路公司决定于这年 10 月在莱茵希里城的铁路线上举办一次机车表演比赛。目的是为利物浦—曼彻斯特铁路选择和配备优质的机车为动力。比赛中，凡是速度最佳，最轻、省力、省煤，烟少的蒸汽机车发给 500 英镑的奖金。

斯蒂芬森听到这个消息，决定参加这次比赛。他决定和儿子一起公开表演新研制的机车，向世人充分展示机车的性能，他们把参赛的机车命名为"火箭"号。

"火箭"号与先前机车不同的是使用多管锅炉，蒸汽机车出力的大小有赖锅炉内产热面积的增加，"火箭"号重 152 千克，运用了 24 根直径 7.5 厘米大小的铜管，加大了机车的功率。"火箭"号另一个不同于先前机车的特点是使用汽管。将汽缸排出的蒸汽导回到烟囱，使烟囱空气流通保持压力。

斯蒂芬森设计制造的"火箭"号铁路机车

10 月 8 日开赛这天，有 5 辆参赛机车，被漆成不同的颜色。每辆机车在比赛中必须完成 20 次往返，共计 96 千米赛程，重量不得超过 6 吨。除了斯蒂芬森的机车，其他 4 辆参赛机车分别为：

"新奇"号，伦敦布莱斯怀特·艾立逊工厂制造，铜绿色，重 762 千克。

"环球"号，利物浦布蓝屈斯制造，重 3 吨，由马匹运转。

"坚忍"号，爱丁堡百士托制造，红色轮，重 410 千克。

"无双"号，达灵顿·赫克华斯工厂制造，黄黑色，重 432 千克。

其中，"坚忍"号和"无双"号中途出了故障，未能参加比赛。

在这几辆机车中，真正能与"火箭"号匹敌的是"新奇"号。"新奇"号外表美观，重量轻巧，最为观众所称道。因是在 7 个星期内赶制完成的，加上伦敦地区无铁路，所以，"新奇"号未经试车。"环球"号用马做动力，其方法堪称奇特。马匹在车辆平台上方运动如同兽力磨粉机那样的带转车轮。

1829 年 10 月，在竞选优秀铁路机车的比赛中，斯蒂芬森研制的"火箭"号机车牵引着 30 节车厢，车内乘坐着 700 多名政府要员和嘉宾。铁路两旁挤满了围观的人群，向"火箭"号招手欢呼。比赛的结果是"火箭"号获胜。

对斯蒂芬森来说，这场比赛是他致力于研制蒸汽机车 15 年来最重要的时刻，他要用实际行动证明蒸汽机车的优点。上午 10 点，斯蒂芬森的"火箭"号入场。在一万多名观众面前，庞大的"火箭"号有力而快速地前进着，它的载重达到 457 千克，以每小时 16 千米的速度奔驰。将车上的负荷除去后，速度可增至每小时 29 千米。

"新奇"号上场时，令人难以置信的在 1 分 50 秒跑了 1.6 千米，而且速度平均。但在第二行程中锅炉出了故障，耽搁了很久。直到第一周的最后一天，才完成了一次 4.8 千米的行驶，但别的零件又出现了问题。

10 月 13 日，"火箭"号又来往跑了多次，在高度载重下，速度较上一周有所增加。斯蒂芬森还作了一次斜面爬坡示范。在装满货物情况下，速度高达每小时 18 千米，较任何其他固定引擎速度快 2 倍，证明了蒸汽机车比任何动力都适于利物浦—曼彻斯特铁路线。

"火箭"号一口气跑完 112 千米，没有停顿和任何故障。它完全符合比赛规定，而且表现得风度优雅，无疑成为参赛的最佳机车。"火箭"号最终被评审员评定为优胜者。

斯蒂芬森的"火箭"号的缺点是速度不太平衡，及仅能部分地有效消除本身产生的煤烟。

《利物浦光明报》报道了这次比赛。另据报纸报道称："这次实验取得了一个重要成果，它将改变国内整个交通结构。"整个媒体

从利物浦到曼彻斯特之间的铁路成功之后，此后，这一铁路曾一度出现一片繁忙的景象，极大的方便了人们的生活。

是一片赞誉之声。

世界各地的舆论也一致推崇"火箭"号和斯蒂芬森的成就。美国马萨诸塞州发展局表示"我们十分惊异地看到英国在蒸汽机车上的发展，使自发动力能应用在铁路上，此项发明将使人民的生活与工商业进入另一新纪元。"

1830年9月15日，利物浦—曼彻斯特铁路举行通车典礼。

这一天，"火箭"号机车牵引着30节车厢，首相威灵顿公爵乘坐一节特制的车厢，另外还乘坐着700多名政府要员和嘉宾。在礼炮和群众的欢呼声中，斯蒂芬森驾驶着"火箭"号机车行驶在铁路线上。当时天气不太好，但机车通过之处，众多的观众挤满了铁路两侧，挥动帽子，招手，欢呼。列车平安地通过山前的架桥道，桥两端看台及桥下的群众欢声雷动。

后来，天气突然下起雨来，然而机车在雨中仍能安全行驶。

利物浦—曼彻斯特铁路的通车和"火箭"号机车的使用，进一步展示了它在交通运输中的巨大作用，大大地促进了这两大城市以及沿线各地的生产和贸易的发展。从此，铁路交通飞速发展，在

欧洲各国兴起了修建铁路的热潮，火车日益风行起来。

从此，铁路运输便开始在英国、欧洲以及北美迅速蔓延开来。

"铁路之父"

利物浦—曼彻斯特铁路交通的成功，使斯蒂芬森一时成为英国家喻户晓的人物，欧洲许多国家争相邀请他前往指导铁路的修建。

1836年，斯蒂芬森父子在伦敦公爵街成立了一个铁路设计办事处，这是向世界各地传播铁路建筑技术的科技中心。

在这一年中，英国议会通过342千米铁路建筑，预算超过500万英镑，均由斯蒂芬森营建。

由斯蒂芬森主持修建的斯托克顿—达灵顿铁路为铁路的投资者和当地商人赚得了巨大的财富，特别是利物浦的投资集团，随着斯蒂芬森修建铁路行动的南移，这个集团成为以后20年中铁路界最大的财团。

当时，欧洲许多国家铁路的修建，不但设计、绘图用的是英国人，就是实际

利物浦—曼彻斯特铁路成功通车后，世界各地掀起了修筑铁路的热潮。从此，蒸汽机车在人类交通史上开始了新的一页。

动手修筑铁路的劳工也是英国人。

在奔波于修筑铁路时，斯蒂芬森对机车的研究仍未放弃，他想增加机车的速度，制造标准的火车头。在他的努力下，火车的时速已经可以达到每小时30多千米。斯蒂芬森的名字传遍世界，世界上许多地方都采用了他发明制造的机车来做交通运输工具。

斯蒂芬森在达普顿庄园居住期间，两度击败他的对手布鲁勒尔。布鲁勒尔在20多岁时，就承建了著名的克利夫顿吊桥。他创建的大西方铁路的雄伟有口皆碑，大西方铁路用的是特宽轨。布鲁勒尔认为宽轨有利于速度，使用较大的火车头可以提高机车的速度和安全，因此他反对斯蒂芬森将铁轨宽度标准定为1.435米。

针对这一问题，工程技术专家们争辩了很长时间，但是一直没有结论。1845年，大西方铁路延伸到格鲁西斯特与斯蒂芬森的标准铁路衔接，由于轨宽不同，引起一场议论。作家萨克雷在他的短篇小说中描述了这一因路轨不同人们乘车换车的可笑故事。为此，英国专门成立了一个学会来研究这一尴尬现象。学会印发了6000多份调查问卷，散发到各有关团体征求他们的意见。一年后，学会在征求各界的意见后，宣布赞成轨宽为1.435米，并规定国内公用铁路均采用这一标准。斯蒂芬森因为在铁路上的巨大贡献，而被誉为当之无愧的"铁路之父"。

晚年生活

事实上，早在1837年，斯蒂芬森萌生有退休的念头，他想在西海岸购买一些土地。这时，他已有足够的能力实现他的奢望，但他仍在为事业奔波。一次偶然的机会，斯蒂芬森在挖掘克莱隧道时发现了附近的煤铁矿藏丰富，而且附近还有石灰石的采石场。于是，他便邀集约克市长乔治·赫逊、利物浦的约瑟夫·桑德斯三个伙伴合资创建矿业公司。

斯蒂芬森的矿业公司十分发达，矿区里至少有 1000 多户工人。他为矿工们修建了标准化的居室，每家都有花园。

斯蒂芬森为自己购置了达普顿农庄，并把家安在了这里。达普顿农庄环境优美，庄园坐落在一个小山头上，濒临彻斯特斐城，距市中心不到 2 千米。如今，这个庄园已成为一所容纳 600 名学生的校区。在这里，斯蒂芬森走完了生命的最后旅程。

斯蒂芬森与他的第二任妻子伊丽莎白在一起生活了 25 年，然而 1845 年，伊丽莎白去世了，斯蒂芬森度过了一段非常痛苦的日子。

1848 年 2 月，斯蒂芬森第三次结婚，新娘是他的管家爱仑。然而半年后，斯蒂芬森就因胸膜炎复发在达普顿庄园去世，享年 67 岁。他的葬礼十分隆重，静候送葬仪队从达普顿小山下来通过，德比市长、大主教、议员都来为他送葬。斯蒂芬森被葬在圣合会教区，与妻子伊丽莎白在一起，墓碑上简单地刻着他和妻子的名字。

斯蒂芬森以他那勇于创新的精神，开创了近代蒸汽机车的先河。他制造的机车奔驰在英国、法国、美国、德国、西班牙等国的铁路线上。当地的《德比郡邮报》写道："在斯蒂芬森的发明及发现领域中，今后再也不可能会有这样的一种'开端'。"

1980 年，是利物浦—曼彻斯特铁路通路 150 周年，也是世界上铁路诞生 150 周年。在纪念大会上，斯蒂芬森被誉为国家的英雄。世界各国都以各种方式来纪念斯蒂芬森，在德国、比利时和波兰等国的邮票上，印有斯蒂芬森的头像和他的火车。1975 年，他的祖国英国也发行了一枚面值 7 便士的纪念邮票，来纪念这位使一个冒着黑烟的庞然大物在铁轨上飞驰的发明家。

斯蒂芬森以他一生的辉煌成就为我们树立了自学成功的典范。他靠自学完成了蒸汽机车的发明和制造，值得世人尊敬和学习。

斯蒂芬森开创了人类交通史上的新纪元，世界人民都很怀念他。图为绘有史蒂芬森纪念馆的明信片。

大事年表

1781 年	6 月 9 日,诞生于英格兰北部诺森伯兰(今纽卡斯尔)的华勒姆村。
1795 年	成为煤矿上的小童工。
1798 年	开始识字,上夜校。
1802 年	与芬妮·韩德逊在纽朋教堂结婚。
1806 年	芬妮病逝。
1812 年	升任机械工程师。
1814 年	制造出第一台蒸汽机车(火车头)。
1815 年	在纽塞文哲会上做了演讲,公布发明了安全灯。
1815—1816 年	制造出了两台更为完善的蒸汽机车。
1819 年	在纽塞附近的黑顿矿区铺设了第一条全新的铁道。
1820 年	与第二任妻子伊丽莎白·海德玛举行婚礼。
1821 年	被委任负责测量和修筑斯托克顿—达灵顿铁路工程。
1830 年	利物浦-曼彻斯特铁路举行通车典礼,"火箭"号成功通车。
1836 年	斯蒂芬森父子成立铁路设计办事处。
1845 年	伊丽莎白去世。
1848 年	2 月,与第三任妻子爱仑结婚。8 月,因病去世,享年 67 岁。

西门子

Siemens

19 世纪初，当德国人民在法国铁蹄的凌辱下痛苦挣扎时，德国知识界首先燃起复兴之火。从此使德国的科学技术飞速发展，并迅速进入世界先进行列。著名的西门子公司创始人——恩斯特·维尔纳·冯·西门子就是出现在这一时期的发明家。

31 岁时，西门子以超凡的胆识与机械工程师哈尔斯克创建西门子—哈尔斯克公司（即西门子公司的前身）。一生之中，西门子涉及的领域非常广泛，且有多项重要的发明，如磁电指针电报机、发电机、绝缘电线、有轨电车、电梯等。直到今天，西门子公司仍然是世界上最著名的公司之一。

农民家庭

1816 年 12 月 13 日，恩斯特·维尔纳·冯·西门子出生在德国汉诺威附近的一个农民家庭。西门子的父亲克里斯蒂安·斐迪南·西门子是一位受过高等教育的德国人，年轻时投身于政治运动，曾为争取德国的统一与法国皇帝拿破仑一世的部队战斗过。斗争失败后，他向一个领主租借了汉诺威附近的伦特庄园，当上了农民，并和爱莉诺勒·戴西曼小姐结了婚，从此开始了新的生活。

　　尽管西门子夫妇非常勤劳，但他们的生活并不富裕。他们一共有过 14 个孩子，存活下来的只有 9 个。在 9 个孩子中，维尔纳·西门子排行第二。

　　19 世纪的欧洲大陆战乱频仍，人们流离失所。那时德国尚未统一，是一个由许多邦国组成的德意志邦联，其中包括丹麦、普鲁士、奥地利的一部分领土。这些邦国都有自己的国王和法律，它们组成邦联的基础便是都讲德语。

　　汉诺威虽然在德意志邦联内，但它又处于英国的统治之下，是"大不列颠王国的汉诺威省"。汉诺威的很多百姓以作为强大的英国的臣民而自豪，但汉诺威的国王并不关心当地人民的幸福，只是把这里作为他们的狩猎场。在汉诺威有一项奇特的狩猎区法律，王室狩猎用的鹿和野猪受

西门子雕像

位于德国北部汉诺威市的著名建筑、哥特式城堡——玛丽堡。

到保护，农民们要是伤害了这些野兽会遭到严厉的惩处。因此，农民们丰收在望的庄稼往往被这些野兽毁于一旦却无可奈何。这些野兽不但在野外危害庄稼，有时还会把危害带到农民家中，因为在严冬季节，野兽在野外找不到食物时，便会跑进农庄。

在这样一种重兽道，而轻人道的环境中生活，对于受过高等教育的斐迪南·西门子来说，无疑是痛苦的。

于是，1823 年，西门子一家离开了生活多年的伦特庄园，迁居他乡。邦国林立的德意志为他们家提供了客观上的便利，使他们不必万里跋涉，便可成为另一个国王的臣民。他们来到了梅克伦堡，这是一个面积不大的大公园，西门子家租到了大公的领地门岑多夫，把家安在这里。

西门子出生在一个农民家庭，他们一家居住在租借来的汉诺威附近的伦特庄园，西门子在这里度过了他烂漫无邪的童年。

与伦特相比，这里不再有野兽的侵扰和造访，农民的负担也轻了很多。工作之余，斐迪南·西门子常对孩子讲他过去参加的战斗，以及大学期间发生的决斗。西门子夫人仍是辛勤地操持着家务，但她的身体越来越糟，过多的生育和劳累毁坏了她的健康。

虽然生活并不富裕，但斐迪南·西门子并没放松对儿女的教育，亲自向儿女们传授知识。由于孩子们太小，加上学校很远，1829 年，斐迪南·西门子为孩子们聘请了一位家庭教师，使西门子青少年时代的生活发生了决定性的转折，他就是神学院的大学生施蓬霍贝。他唤醒了西门子对有益工作不倦的快乐感和进取心。

但是不到一年，施蓬霍贝就因病去世。之后，家里又请来一位家庭教师。由于年迈多病，在西门子家待了两年也去世了。

1832 年，16 岁的维尔纳·西门子和大弟弟汉斯被父亲送入吕贝克市的卡特琳学校学习。卡特琳学校是一所文科中学，主要课程是学习古代语言。西门子对学习古典作家的作品很感兴趣，但对学习语法却很厌烦。另外，他对自然科学很感兴趣，曾长期自学数学。但卡特琳学校的数学课很少，且内容很浅，已经无法使西门子的求知欲望得到满足。

为了能考入柏林建筑学院，将来做一名建筑工程师，中学还没有毕业，西门子便决定转学建筑专业，因为这是当时唯一的技术专业。正当西门子为实现理想勤奋努力时，他了解到进入建筑学校学习费用非常昂贵，是他们的家庭所不能承担的。后来，一个老师劝西门子设法进入普鲁士王国的工兵部队，然后便可进入炮兵工程学校，因为在那里可以学到建筑学院中同样的科目，而且不需缴纳学费，退役后照样可以从事建筑专业。

维尔纳·西门子马上把这一计划告诉了他的父亲。斐迪南·西门子对儿子的打算完全赞同，他看到德国目前分裂、混乱的状况不可能持久下去，德意志统一的希望在普鲁士。因此让儿子加入普鲁士军队，无疑是一种明智的选择。

1834 年夏天，维尔纳·西门子告别了卡特琳文科中学，告别了家人，只身前往普鲁士首都柏林。

年轻时代的西门子

炮兵工程学校

19世纪 30 年代的普鲁士是一个纯粹的军事官吏国家，从军是普通百姓获得地位和财富的捷径，因此也存在着激烈的竞争。西门子的从军之路就是一波三折的，其中甚至有一些戏剧色彩。

西门子到达柏林后，先找到了一位服役的远亲。这位远亲是一名军官，他热情地接待了西门子，并带他去拜访了一位工兵团长。但团长对西门子先参加工兵，然后进入炮兵工程学校的计划迎头浇了一盆冷水，因为有许多候补士官正等待着炮兵工程学校的征召，他要想走这条路，至少要等上四五年。因此，团长劝他加入普鲁士炮兵队，因为炮兵队和候补士官可以进同一所学校，而且前程更好。于是，西门子的远亲又热情地为他写了一封给炮兵旅长的推荐信。怀揣着推荐信，西门子又兴冲冲地赶往炮兵旅所在地马格德堡。

也许是因为推荐信的缘故，旅长接见了西门子，但同时告诉他要加入炮兵队也不容易。因为已有 14 位青年报名参加军官考试，而最后只招收 4 名；另外，他不是普鲁士人，要加入普鲁士军队需要得到国王的批准。不过在西门子的一再请求下，旅长做了让步，同意他先参加考试，然后再等候国王的裁决。

1834 年 10 月，西门子参加了考试，他的数学成绩非常出众，但地理考得很差。面试时，原本最担心的地理，却顺利通过。

地理主考官是一个博学而又性情古怪的人，他对考生提的一个问题是："涛开尔在什么地方？"考生们张口结舌，无言以对。轮到西门子回答时，他忽然想起母亲治病时曾用过一种涛开尔酒，也被称为匈牙利酒，于是他回答说："在匈牙利，先生。"这一回答让主考官感到满意，他又将脸转向其他考生："我的先生们，难道你们不知道涛开尔酒吗？"原来这位主考官是一位涛开尔酒的鉴赏家，他给西门子的地理考试判了最高分。这样，西门子成为了这一批考生中成绩最优秀的考生。

1834 年 12 月 13 日，在维尔纳·西门子 18 岁生日这天，他终于加入了普鲁士军队，作为候补军士进入在马格德堡的普鲁士第三炮兵团。新兵生活紧张而又艰苦，军训教官训练新兵，往往非常粗野和生硬。普鲁士军队以纪律严格著称，为了使新入伍的年轻人能经受住战争的险恶环境的考验，训练的强度往往达到人自身能力的极限。当 6 个月高强度的训练结束时，西门子已在新兵中成为出类拔萃的人物，并顺利地晋升为上等兵。

随后西门子被派往骑兵炮兵队接受射击训练，他在技术方面的天赋这时得到进一步的显示，许多技术问题，如射程、弹道等，他都接受得非常快。

1835 年秋天，一纸盼望已久的命令为他叩开了通往成功的大门，把他多年的愿望变成了现实。西门子终于被送往柏林炮兵工程学校，接受为期 3 年的军官训练。

这时的德国，科学技术飞速发展，并进入世界先进行列。19 世纪以前，与英、法等国相比，德国是一个落后的封建国家，科学技术比较落后。19 世纪初，当拿破仑占领德国大片领土，德国知识界首先燃起复兴之火，并且把希

1861 年，普鲁士国王威廉一世即位，他任用俾斯麦为宰相，进行了一系列的军事改革，最终完成了德国的统一。

西门子家境贫穷，他是在普鲁士的炮兵学校里完成了学业。图为做普鲁士炮兵少尉时的西门子。

望寄托于发展教育、培养人才上。

在复兴时期，德国的社会名流和有识之士纷纷呼吁：要振兴德意志民族就要振兴高等教育。19世纪初，经过以柏林大学为代表的高等教育改革运动之后，德国高等院校的发展便已经开始领先于其他国家。

而柏林炮兵工程学校作为一个为国家培养高素质军官的学校，它的机制更是完善。这里聘有一批知识渊博的学者和科学家。其中，有很多是后来闻名于世的人物，如数学家欧姆、物理学家马格努斯及化学家艾尔德曼等。

进入柏林炮兵工程学校，是西门子人生的一个重要转折点。在这里，西门子受到了最好的教育，他几乎把一切空闲时间都用在了数学、物理学及化学等自然科学的学习上。在这些方面的知识，他已远远地超过了学校的要求，这为他

后来的事业奠定了强大的基础。

另外，西门子还在军校中结交了一批朋友，尤其是与同学威廉·迈尔建立了牢不可破的友谊。他和迈尔是在骑兵炮兵队认识的，在军校中他们关系进一步密切，在工作和学习中都形影不离。他们之间的友谊贯穿一生，成为西门子事业中的一个有力的支撑点。

1838年，22岁的西门子从柏林炮兵工程学校毕业，这时，他已经是一名合格的军官。在当时的普鲁士乃至整个德意志，军官拥有很高的地位，不但受到普通人的敬重，而且可以参加王室及上流社会的社交活动。西门子被分到了马格德堡炮兵队，被授予炮兵少尉军衔。

监狱中的实验室

再次回到马格德堡后，为了减轻父母的负担，西门子把他的三弟威廉带来，安排他进了一家寄宿学校。由于那所学校教育质量并不理想，1839年，西门子又把威廉接到自己的处所，让他在学校改学英语，自己亲自教授他数学课。对西门子来说，这种授课的实践也益处多多，他没有因军官生活的优越而变得松懈，仍然对自然科学保持着浓厚的兴趣。

1839—1840年，西门子的父母因病先后去世，留下一群年幼的孩子。作为长子（西门子有一个姐姐），西门子认为自己有责任抚养弟弟妹妹。家庭的重担

卡尔·威廉·西门子（1823—1883），西门子的弟弟，4兄弟中的老二。1843年，威廉·西门子去了英国推广西门子的发明。威廉在英国的工作非常出色，后来定居英国。

促使西门子以更大的决心和毅力去从事科学技术研究，通过出卖自己的成果获得报酬，来养活弟弟妹妹。

就在这时，西门子听说他的一位堂兄弟实验成功了摩擦炮栓，取代了当时广泛被使用的火绳。这是一项重大的军事技术革新，西门子深知这一发明的重要性，他也决定按这个方向去实验。于是，他买来磷和氯酸钾等原材料，按照不同的比例配试。

由于实验用的点火物质具有易燃易爆的特点，为了避免发生危险，实验时，西门子总是小心翼翼。

有一天，西门子将磷和氯酸钾盐混合成了糊状。恰在这时，到了操练的时间，于是，他便把盛药物的器皿放在一个盆里，放在了一个僻静的墙角。他走后，勤务兵来打扫房间，把墙角放的盆放到了炉膛里。打扫完后，勤务兵又把盆放回原处，这时，器皿中的药糊已经全干了。

西门子操练回来后，继续进行实验。当他刚刚碰到一堆做搅拌棒用的黄磷火柴时，突然发生了爆炸，强大的气浪把他掀翻在地，巨大的响声震耳欲聋，房间的玻璃窗连同窗框都被炸得粉碎。所幸的是，这次意外的爆炸并未造成重大伤亡，西门子的手受了一点轻伤，只是后来，他的听觉变得有点迟钝。摩擦炮栓的实验就这样以失败告终。

1840年秋天，西门子被调到易北河畔的一座小城——维滕贝格任军官。这里的防务事宜很少，因此使他有了更多的时间来从事科学研究。

这时，一项实验成果引起了他极大的兴趣。德籍俄国物理学家雅可比通过直流电从硫酸铜溶液中得到了金属铜的

中世纪，在欧洲社会中，流行着决斗的风气。直至19世纪中期，决斗事件才被一些国家认为违法而予以禁止。

沉淀。西门子认为这一成果打开了探索至今尚不明白的一大批现象的大门。因此他按照雅可比的方法开始了实验，并成功地得到了铜的沉淀，接着他又用这种方法尝试着沉淀其他金属。

这时，一场决斗事件打断了他的实验。一位步兵军官同一位炮兵军官因争执而发展到决斗，双方为此约好了时间，并开始寻找证人和助手。参加决斗的炮兵军官是西门子的好朋友，他找来西门子作他的决斗助手。

当时，普鲁士已禁止决斗，参与决斗者要受到严厉的处罚。结果，西门子作为决斗助手被马格德堡军事法庭判处5年监禁。

但是，西门子并未因此气馁，因为按照惯例因决斗而被判刑的往往会得到赦免，并且在监狱中他反倒有充裕的时间从事科学研究。所以，当他到马格德堡坐牢去的路上经过一家化学品商店时，买了许多继续从事电学实验所必需的原材料。一到监狱，他就把自己的牢房布置成了一个小小的实验室。

这段监狱生活，成了西门子科学实践的辉煌起点。他把所有时间都用来进

电镀技术是在材料表面获得金属镀层的主要方法之一。入狱后的西门子并未感到生活的烦闷，相反他用充裕的时间来进行他电子方面的研究。电镀技术就是他在监狱期间的一项发明。

离开监狱后，西门子接受了柏林炮兵工厂的任命，开始了他事业的发展。下图为始建于1788年，位于柏林市中心的勃兰登堡门。

行研究。

在监狱中，西门子想起过去曾做过的一个实验，当时，他用次亚硫酸钠溶解了那些不溶解的金盐和银盐，现在他决定沿着这个方向，把这种溶解应用于电解实验。

就在这时，幸运之神降临了。一天，他把一把锌白铜茶匙同电池的锌极连接起来，浸到一个盛满了次亚硫酸金溶液的杯子里，同时将电池的铜极与一个作为阴极的金币连接。结果，奇迹出现了，几分钟后，那把锌白铜茶匙披上了一层光彩夺目的纯金外衣！随后，他又用银盐溶液进行实验，结果又使一件小金属器皿穿上了银装。西门子欣喜若狂，这间摆满实验用具的牢房，简直成了他的乐园。

西门子的实验在他的周围引起了轰动。因为在当时整个德意志，用电流镀金镀银还是一个全新的事物。一个马格德堡的宝石商人听说了这件事，马上跑到监狱找到西门子，双方订立了一个合同，宝石商人以40个路易金币的价格获得了电镀金银的使用权。这是西门子研究科学技术所带来的第一笔收入，也使西门子更加坚定了这一方向。

后来，西门子继续投入实验。他把自己所知道的含金含银的化合物都进行了电镀实验，发现除了次亚硫酸外，氰化合物也非常适合。他非常清楚电镀金银的利用价值，因此写了一份专利申请书，递到普鲁士专利局，并很快得到为期5年的专利权。由于在西门子之前，英国人艾尔金顿已经取得了使用氰化盐电镀的专利，所以，西门子的专利权仅限于次亚硫酸盐。

就在西门子的研究工作进行得非常顺利的时候，普鲁士国王下令赦免西门子离开监狱。西门子不想放弃正在进行的实验，便请求延长自己监禁的时间，以便做完实验。对于西门子这种"愚蠢"的要求，长官异常愤怒，他认为这是对国王的不敬，因此让人在半夜时分把西门子从监狱带了出去。

1842年，西门子又接到了新的任命，他被调到柏林炮兵工厂工作。柏林是当时整个德意志的科技文化中心，也是普鲁士的首都和德意志的最大城市，在那里西门子能够有时间和机会从事自然科学的研究，也有条件学到更多有用的知识，利用自己的研究成果换取薪酬，以便更好地照顾自己的弟弟妹妹们。

【电气通讯史上的革命】

到柏林后，西门子很快与一家锌白铜厂订立了一个合同，用他的专利在厂中建了一个镀金镀银部，双方共分红利。这是德国出现的第一家电镀工厂，也是西门子最早参与的企业经营活动。

不久，西门子以其富有成效的电镀发明被吸收进了柏林综合技术协会。这是一个主要由工程技术人员和工商业者组成的社会团体，经常就一些实际技术问题进行学术探讨。在一系列的学术活动中，西门子的工程技术知识得到了进一步地补充和扩展，这对他的自然科学研究非常有益。

当时的普鲁士，科学研究和工程技术研究之间还存在着一条不可逾越的鸿沟。从事理论科学研究的科学家享有很高的社会地位和声望，成绩卓著的还会被王室册封为贵族；而从事工程科学研究的科学家则没有那么幸运，他们和普通的体力劳动者、商人没有多大区别，并不会受到特别的尊重。

但是，在参加了柏林综合技术协会的活动之后，西门子深刻地认识到，理论科学研究和工程技术研究不应该截然分开。正是因为有了这种认识，西门子才会在以后的科学实践中兼顾科学研究与工程技术研究，成为集科学家与发明家于一身的成功者。在参加活动的同时，西门子结识了柏林工商界的一些人士，从他们那里，他了解到当时的工业设备和成就，对他日后成为企业家有很大帮助。

1843年，弟弟威廉·西门子去英国推广西门子的发明。从此，西门子的事业开始在德、英两国发展。威廉在英国的工作非常出色，他将西门子的电镀专利卖给了英国人。

电镀实验的成功一直激励着西门子，他决定扩大在这方面的实验范围。在用硫酸镍和硫酸铵做实验时，他从这两种盐的溶液中获得了很好的镍沉淀，于是他成功地进行了电镀镍的实验。并把这一成就应用到印刷业上，大大提高了印刷速度。

这时，在英国的威廉寄来一封信，信中讲到的一台名叫斯特林热气机的机器，引起了西门子的极大兴趣。这台机器不是用蒸汽而是用加热的空气作为动力，并且它能把工作时没有耗尽的热量储存起来下次工作时再使用。当时，科学家们还未得出所有的自然力都具有一种因果联系的结论，也就是说还没有发现和公布能量守恒与转化定律。西门子认为斯

西门子在印刷机机械方面也进行了研究。他发明的旋转式的快速印刷机比当时普遍使用的锌版印刷机速度快得多。

斯特林热气机

斯特林热气机。当弟弟威廉在信中讲到斯特林热气机时，西门子非常感兴趣，并对其进行了深入地研究。之后他发表论文，阐述了这种机器的原理，明确指出其可能成为整个机械工程技术的基础。为此，他还画出了一张可行性草图。

亥姆霍兹（1821—1894），德国物理学家。由西门子等人创办的物理家协会经常举行学术演讲，交流学术成果。著名的能量守恒和转化定律就是亥姆霍兹首先在物理家协会的演讲中提出的。

特林热气机的工作原理属于未知的广阔领域，并感觉到它有可能成为改革整个机械工程技术的基础。之后，他对此进行了深入的研究。

1845 年，西门子的一篇题为《关于热空气作为动力的应用》的论文发表在一份科学杂志上。这是西门子发表的第一篇科学论著，他在文中阐述了这种空气发动机的原理，并且提供了一张他认为可行的设计草图。西门子的理论已经完全建立在能量守恒定律的基础上，对机器中的热循环和热当量原理也作了清楚的相应的说明，而这些定律和原理是科学家们后来才揭示出来的。

同年，西门子和一批青年物理学家一起，发起成立了物理家协会。这个协会汇集了当时德国许多优秀的青年自然科学家，如杜布瓦·雷蒙、亥姆霍兹、克劳修斯、布吕克等，他们都在各自的研究领域内取得了辉煌的成就。

就在这一时期，西门子把目标投向新生的通讯工具——有线电报的发明和改进，并取得了辉煌的成就。有线电报是 19 世纪 30 年代出现的具有划时代意义的通讯工具，这是第二次技术革命的重要成果之一。但是，刚刚诞生的电报机，还存在着很多问题。

当时德国有一种威斯顿指针电报机，普鲁士军队总参谋部想把它用于军事联络，但在实验时电报机却没能表现出应有的作用，甚至在室内实验都没能取得成功，西门子也参与了这项工作。

1846 年，西门子在观察威斯顿指针电报机的实验过程时，很快就找到了失败的原因，并依靠自己发明的电流自动断续技术，发明了一种新的可控手动电报机。后来，西门子与青年机械师哈尔斯克合作，生产了最初的几部电报机。当时，这种电报机非常流行。

在取得了很大的成就后，西门子敏锐地认识到了电报机的重要意义及发展前景，因此，他决定把电报事业作为毕生的职业，并且通过它获得金钱，以便履行对弟弟妹妹的抚养义务。

为此，西门子写了一篇关于电报的发展状况及其改良的论文，寄给了光学电报机构的一位首长，结果受到了高度重视。他被调到了总参谋部下属的电信委员会工作，全力从事电气电报的研制工作。不久，就因为成绩出色而成为该委员会的中心人物。

当时的电报还处在有线阶段，为了使架设在电线杆上的电报线更安全，人们想到了将电报线安装在地下的方法。但是，当时的电线都是裸线，没有绝缘包装，不能直接与地接触，所以生产绝缘电线成了众多科学家研究的课题。

1846 年下半年，西门子突然有了灵感。威廉从英国寄来市场上新出的一种被称为马来树胶的东西，它在加热时可以随意变形，变冷以后，可以充当良好的绝缘材料。西门子欣喜异常，马上建议电信委员会做大规模的绝缘电线的实验。

然而，最初的实验并不理想。电信委员会生产的绝缘导线是用滚筒将马来树胶碾压在铜线上，但实验结果显示，用这种方法生产的导线的接缝过一段时间就会开裂。于是，西门子设计了一种螺旋压铸机，把铜线穿过加热的马来树胶，施以高压，这样包裹在铜线上的马来树胶便没有接缝了。

哈尔斯克按照西门子的设计制作了一台螺旋压铸机的样机，由这台机器生产的绝缘导线不仅有良好的绝缘性能，而且它的绝缘性能长期不变。

1847 年夏天，电信委员会用螺旋压铸机生产的导线铺设了一条较长的地下电报线进行实验，取得了令人满意的效果。

就这样，困扰人们的地下线路的绝缘问题便被西门子顺利解决了，这是人类电气通讯史上的一次革命。

事实上，这种绝缘导线不仅可以用做陆地上的地下线路，而且可以作为海底电缆使用。普鲁士电信委员会做出

西门子发明的指针式电报机

西门子发明的用铁丝包裹马来树胶导线的方法很适合海底电缆的铺设。

机械师工程师约翰·乔治·哈尔斯克，西门子的合作伙伴

1847年西门子与哈尔斯克合办电报机厂（后该厂发展成世界著名的西门子公司）。

决定，计划把西门子研制发明的电报机和绝缘电线作为普鲁士最初建造的电报网络的技术基础。

"电子电气之父"

在电报事业上的一系列重大贡献，使西门子声名鹊起。普鲁士王室把他接去为皇帝、皇后及王储作了一次关于电报的讲演。在演讲中，西门子提出，电报的作用不应当只局限于军队和军事上，如果让民众也使用电报，那么电报在未来将有更重要的意义。

为了捷足先登，西门子决定建立自己的公司。在西门子的建议下，哈尔斯克也加入了他的行列。哈尔斯克当时在柏林经营一家小机器工厂，他既具有出众的组织才能，同时在工程技术方面也颇具造诣。无疑，与哈尔斯克合作，是西门子最好的人选。

1847年10月12日，西门子—哈尔斯克公司顺利创建。最初，该公司只有3名工人，生产西门子设计的、已获普鲁士专利的电报机及信号装置和医用电感应器等。

西门子一方面关心着西门子—哈尔斯克公司的技术进步，一方面积极推动电信委员会事业的发展。在他的提议下，电信委员会准备铺设更多更长的电报线。

1848年，法国爆发了"二月革命"，推翻了奥尔良王朝，建立了共和国。法国的革命风暴很快蔓延到德国。普鲁士的政治运动以国王的让步而平息下来，但柏林的整个政府机构却陷入了短时的瘫痪，西门子公司也因此受到了很大的影响。

西门子继续研究电报技术，他面临着一项重要任务，就是铺设从柏林到法兰克福的电报线路。由于德国国民议会要在法兰克福召开，因此这条线路就显得非常急迫了。这条线路完全采用地下铺设，并且在当时的欧洲是一条最长的线路。工程的庞大和困难是不言而喻的，但西门子却以极高的智慧解决了铺设中的许多难题，在哈尔斯克的协助下，如期完成了任务。

后来，普鲁士政府又任命西门子负责修建柏林到科隆以及通往边境的几个城市的电报线路。在这条线路的铺设过程中，西门子成功地解决了电线通过河流的难题。

1849 年 6 月，西门子结束了长达 14 年的军旅生涯。

退役之后，西门子便全力投入到西门子—哈尔斯克公司的经营之中。他既为公司做设计工作，又参加公司承建的铁路电报线工作。

1850 年 4 月，西门子的一篇题为《关于电报的记录》的论文送交巴黎科学院讨论审查，后获得好评。巴黎科学院是世界一流的科学机构，它的肯定和好评，对西门子鼓舞很大。此后，他和哈尔斯克一起，进行了一系列卓有成效地改造电报机的工作。

19 世纪中叶，电报机已进入实际应用阶段，许多在研制阶段没有发现的问题都逐渐暴露出来，科技人员们为了解决这些问题想出了各种办法，因此电报机的发展速度非常快。

1847 年，莫尔斯电报机被介绍到德国。莫尔斯电报机简单、易操作、拍发速度快，在德国一上市，就对指针式电报机和旧式印刷电报机构成了威胁。

西门子和哈尔斯克针对这一形势，研究和分析了莫尔斯电报机的优缺点，对电报机进行改进，结果又使他们的公司处于技术领先地位。但他没有停止改进的脚步，他又为他们自动电报系统设计制作了一种快速打字机。在这一

莫尔斯电报机。1837 年，莫尔斯发明电报机是电报通讯的起源，它的通讯电码是以点（·）和划（-）组合而成，每一个码代表一个字母和一个数字。西门子在此基础上，对电报机进行了改进。

西门子的签名

西门子通过改良莫尔斯电报机，使它的拍发速度大为加快。虽然西门子并非电报发明人，但是，是他使电报在欧洲大规模地应用。

系统上，电报通过三键打孔机的传送，将莫尔斯电码打在一张纸带上，按第一个键在纸带上打出一个圆孔，按第二个键就打出一个双孔，按第三个键就可得到分开两个字所需的距离。用这种方法将电报在纸上打成孔，将这条纸带放在快速记录器中，借助于一个行走机构就会以转轮和接触弹簧或毛刷中间通过了。

在接收机中，那些单孔变成了一个点，双孔成了一画。这一改进，使电报机的拍发速度大为加快。莫尔斯电报机一般能每分钟拍发 40 个字，而新型的西门子电报机每分钟能拍发 400 个字，速度增加了 10 倍。

但是，西门子并不满足于已有的成绩。之后，他又设计了一个极简单而又运行可靠的磁电指针电报机。这种快速可靠的磁电指针电报机被人们使用了好多年，尤其在铁路上备受青睐。通过磁电指针电报机的应用，西门子发现，利用有极化作用的继电器，可借短暂的感应电流拍出莫尔斯电码。西门子曾用这种电报机装备过一条电报线路，结果表明它可以向很远的地方快速发报。

在向远方拍发电报时，为了在导线末端推动必要的机械运动，就需要有十分强大的感应电流，当时通常所用的伏打电池或达尼艾尔电池却无法满足这一要求。于是，西门子便想设计一种使电报机将电压较低的直流电经过感应而变为恒定的高压直流电的电枢。

1854 年，西门子的这一设想变为了现实，他设计的盘式机最早解决了用感应法产生恒定直流电的问题。

西门子的发明创造，总是在他电报事业快速发展的需求下进行的；而这些发明创造，反过来又使他的事业以更快的速度发展，最终使他成为举世闻名的德国"电子电气之父"。

西门子兄弟公司

在为普鲁士政府铺设了质量优良的电报线路以后，西门子及其公司引起欧洲各国的注意。1852 年，西门子—哈尔斯克公司承建了一条从彼得堡到奥拉宁鲍姆的俄国地下电报线，这使他们的业务开始在俄国发展。第二年，他们又为俄国完成了一条海底电缆，并负责维修业务。这是世界上第一条长期可用的海底电报线。

两年后，克里米亚战争爆发。为了尽快了解敌情，俄国政府决定要建一条通往克里米亚的长距离电报线。西门子—哈尔斯克公司承担这一业务，并出色地完成了。

随着业务的扩大，西门子—哈尔斯克公司还吸收了很多优秀的人才，如威廉·迈尔作为总工程师加盟该公司，西门子的五弟卡尔·西门子也加入了兄长的事业，1855年，在卡尔的领导下，西门子—哈尔斯克公司在彼得堡建立了分公司。

在英国，西门子的事业也蒸蒸日上。最初，威廉·西门子在英国设立了一个西门子—哈尔斯克公司伦敦代表处，专门宣传和推广该公司的产品。1858年，代表处在威廉的领导下改为英国分公司，并承接了很多业务。

当时的英国电信事业发展很快，水平也是世界一流的，因此和西门子公司之间的竞争很激烈。但西门子以其天才的创举总是使其技术处于领先位置，因此他常被英国的公司聘为技术顾问，参与电报线路尤其是海底电缆的铺设。

1865年，哈尔斯克退出公司在英国的业务后，英国分公司以"西门子兄弟"的名义重组，该公司在英国取得了辉煌的成就，为推动英国电气工业的发展做出了很大贡献。

两年后，哈尔斯克完全退出了西门子—哈尔斯克公司，但该公司的业务继续向前发展，西门子兄弟用了三年的时间，铺设了一条由伦敦经普鲁士、俄国和波斯直达印度的电报线，又称为印欧线路。这是西门子天才的一次集中体现，也是他在电报线路建设方面的巅峰。在当时的条件下，建设这样一条线路是工程技术上的一大创举，采用了一系列新的技术措施。

1874年，西门子兄弟公司设计了一条电缆铺设船"法拉第"号，并利用"法拉第"号铺设了从爱尔兰直达美国

西门子公司成立后，成功地完成一项与德国政府合作的电报线铺设工程。此后，它逐渐成为当时欧洲最先进的电报机制造厂商。

1855年，西门子的另一个弟弟——卡尔·海因里希·冯·西门子在圣彼得堡建立了一个新的分支机构。

的第一条海底电缆，以后又铺设了五条欧美电缆，西门子也当之无愧的被誉为"电报大王"。

发电机

如今，我们已经很难想象一个没有电的世界会是什么样子。在人类文明发展的进程中，电的应用出现了几次重大的飞跃，而其中最重要的飞跃则来自于发电机和电动机的问世。而这项重要的发明，西门子功不可没。

自 1821 年开始，英国伟大的物理学家法拉第的电磁旋转实验成功之后，他曾经多次设想用实验来实现磁生电，但一直未能获得成功。1831 年 8 月，他又设计了一个新的实验装置。这一次，法拉第证实了磁铁和线圈之间的相对运动会在线圈中产生感应电，然而法拉第并不满足于这短暂的电流的产生，他所需要的是持续而稳定的电流。同年 10 月 28 日，他做了一次非常著名的实验，实际上，他发明了世界上第一台发电机。

但是，最初的发电机既笨重又不经济，之后的重大改进应归功于具有工程技术天才的维尔纳·西门子。

1866 年秋季，西门子产生了一个新奇的想法，即是否能不用额外电流而使感应电流得到增强。为此，他进行了深入研究。就在这时，西门子完成了一生中最大的成就——发现了发电机的原理，并由西门子公司的一名工程师完成了人类第一台实用发电机。这是发电机领域的第一例实际应用，西门子对发电机的发明标志着电气工程时代的到来。

不久，西门子将一篇题为《论不使用永磁铁将动力转换为电流》的论文呈交给了柏林的自然科学院。在论文中，西门子将其发明的机器称为"直流发电机器"，并强调，现在科技界已经可以通过劳动力产生所需要的电压和电流强度，这对于其他部门都具有同样重要的意义。很快，西门子公司就研制出了世界上第一台直流电动机，并很快投入市场。

发电机的发明产生了极大影响，很快成为新兴工业部门的基础，得到了广泛应用。

与此同时，西门子还改进了贝尔电话机，并发明了用于声音传播的电动力学系统，他的公司还发明和设计了有轨电车、无轨电车、高架铁路、电梯、电气火车等。

正如西门子所说发电机的发明确实产生了极大影响。它改变了人类过去所依赖的动力，成为新兴工业部门的基础，并使几乎所有科技领域都活跃了起来，使人类的生活进入了一个新的时代。左图为西门子公司发明的有轨电车。

不朽

1876年，西门子与家人合影。

西门子在自然科学的研究方面，也有重大贡献。19世纪中叶，电气测量方面还没有形成固定的、统一的单位。1860年，西门子的论文《可再现的电阻计之建议》发表在《波根多夫年鉴》上，建议以截面为1平方毫米、长1米的汞柱在0℃时的电阻作为电阻单位。争执了好多年，直到1884年，各国学者才一致同意将长106厘米、横截面为1平方毫米的汞柱在0℃时的电阻确定为国际法定的电阻单位，命名为欧姆。

西门子最初确定的电阻单位虽然被废除了，但他的努力得到了肯定。后来，人们为了纪念他，将他的姓氏作为导电率单位保留在了物理学中，规定当导体电阻为1欧姆时，其导电率为1西门子，简写为1s。

一生之中，西门子把大部分精力用来进行科学研究。1852年，已经36岁的西门子才步入婚姻的殿堂。两个儿子相继出生后，他的妻子玛蒂尔德·德鲁曼就因病去世。1869年，西门子与安托妮小姐举行了婚礼，又先后有了两个儿子。

1890年，74岁的西门子将公司的领导权移交给五弟卡尔和其中两个儿子，完成了公司的权力过渡。他在表述自己面临死亡的遗憾时说："假如我临终时还要对什么事情表示悲哀的话，那么我难过的就是我不得不与我的亲人们告别，以及没有机会再为自然科学时代的全面发展而继续工作了。"

1892年12月6日，西门子在柏林夏洛滕堡离开了人世，终年76岁。这位集科学家、发明家与企业家于一身的伟大人物，在遗嘱中把一笔可观的巨款，作为促进自然科学研究的经费捐献给了政府。

今天的西门子公司在西门子后辈的妥善管理与经营下，仍然朝气蓬勃，充满活力，成为世界上最著名的公司之一。

西门子公司

西门子公司发展到今天已是世界上最大的机电类公司之一，它的总部位于德国慕尼黑。

1816 年	12 月 13 日,恩斯特·维尔纳·冯·西门子出生在德国汉诺威附近伦特庄园的奥伯古特农庄。
1823 年	西门子一家离开伦特庄园,迁居梅克伦堡。
1832 年	被送入卡特琳学校学习。
1834 年	加入了普鲁士军队,进入在马格德堡的普鲁士第三炮兵团。
1838 年	从柏林炮兵工程学校毕业,被授予炮兵少尉军衔。
1839—1840 年	西门子的父母先后去世。
1842 年	被调到柏林炮兵工厂工作。
1847 年	西门子-哈尔斯克公司顺利创建。
1849 年	结束军旅生涯。
1852 年	步入婚姻的殿堂。
1855 年	西门子-哈尔斯克公司在彼得堡建立了分公司。
1865 年	哈尔斯克退出,英国分公司以"西门子兄弟"的名义重组。
1866 年	秋,发明发电机。
1869 年	与安托妮小姐举行了婚礼。
1874 年	西门子兄弟公司铺设从爱尔兰直达美国的第一条海底电缆。
1890 年	移交公司领导权,完成了公司的权力过渡。
1892 年	12 月 6 日,在柏林夏洛滕堡离开了人世,终年 76 岁。

诺贝尔

Nobel

　　诺贝尔是位享誉世界的科学巨人，却从来没有过正式学历；他发明了炸药，却是一名忠诚的和平战士；他是一名发明家，却成功地扮演着实业家、商人的角色；他家资巨富，却孑然一身，临终时身边没有一位亲人……感谢不同的授予机构，他们共同忠实地执行了诺贝尔本人的遗愿——对于受奖候选人的国籍丝毫不予考虑，只要他值得。这个属于全人类的奖项已经成为了一个象征、一项桂冠、一面旗帜。在这面旗帜上写着：科学、进步、和平。

确立志向

受1830 年巴黎革命的影响，整个欧洲处于一个动荡的变革时期。一场新事物向传统事物的挑战疾风暴雨般地席卷欧洲。在瑞典也出现了政治动乱，物资匮乏、经济萧条、传染病蔓延、粮食歉收等更加剧了平民生活的艰难。

1833 年 10 月 21 日，在斯德哥尔摩中心的北方街 11 号阿尔弗雷德·诺贝尔出生了。父亲（老诺贝尔）伊曼纽尔·诺贝尔禀赋聪明、勤奋刻苦，在机械、建筑、化学等方面都颇有建树。母亲卡罗琳·安德烈特温良贤淑、乐观、宽容。幼年时代的诺贝尔体质羸弱，大部分时间他都是在母亲身边度过的。

在诺贝尔出生以前，父亲的事业还相当发达，他们家住在一所高级的住宅区里。后来，一场大火使他们的家化为乌有。破产的父亲不得不带着家人来到斯德哥尔摩的郊区，寻找一处便宜的房子。

诺贝尔 3 岁的时候，他的父亲远赴彼得堡重闯天下。诺贝尔三兄弟依靠母亲的副食店艰难度日。由于身体的原因，诺贝尔大部分的时间都待在家里读书、写作文，或是一个人到田野、丘陵、河边去，在大自然中寻求属于他的童年。

8 岁时，诺贝尔被母亲送进当时一流的圣雅克布小学读书。他的学习非常出色，在班上名列前茅。

1842 年，父亲在彼得堡建起的翻砂车间和制造

诺贝尔的出生地斯德哥尔摩北方街 11 号。如今，当年的故居已被拆除，这里早已成为繁华的市中心了。当年偏僻市郊的场景早已不复存在。

俄罗斯的彼得堡

小型快速火器的工厂发展得不错，于是，这年10月，诺贝尔全家迁居彼得堡。诺贝尔一生中仅仅一年的学校正规教育就这样结束了。

初到俄国的诺贝尔三兄弟因为不懂俄语，无法进入俄国的正规学校读书。于是，父亲先后聘请了很多位家庭教师。后来的诺贝尔精通英语、俄语、德语、法语以及他自己的母语瑞典语这5种语言，熟练到可以任意互译长篇的文章。除语言学以外，诺贝尔的主要兴趣是文学和诗歌，另外还有物理和化学。

诺贝尔和哥哥经常去父亲的工厂，他们成为父亲的得力助手。

为了诺贝尔以后在研制诺贝尔工厂的新产品方面发挥作用，1850年，父亲让17岁的诺贝尔独自出国，去接触其他国家的先进设备和研究成果，周游世界。

诺贝尔进行了历时两年的世界旅行，从德国到意大利，再到法国的巴黎，从英国的世界博览会到美国艾利克森先生的实验室，他眼界大开。他每到一处，都特别注意大学、研究所里的各种科学实验，这使诺贝尔很快地成熟起来。当返回彼得堡时，他壮志满怀：要成为一名科学家，要用科学为全人类造福！

就在诺贝尔出国的这两年，父亲的事业也飞速发展。"诺贝尔父子工厂"开始大量生产武器、车轮、钢管、机械零件、暖气装置。诺贝尔的新工作是负责检查化学药品、改良地雷和水雷、研制新产品等。

1841年9月，老诺贝尔把黑色火药装进铁球发明了水雷。但这种水雷用的黑色火药烟多，爆炸力弱，所以它只能在子弹和焰火中使用。

对父子工厂里生产大量的武器，诺贝尔一直就持有不解和反感的态度。他认为自己选择科学研究的道路，是为了给人类谋幸福，但家族事业的发展似乎与他的愿望相背离。

有一次在与父亲探讨起这个问题时，老诺贝尔颇富哲理的观点帮助诺贝尔解决了困惑，并影响了诺贝尔一生："武器可以制造和平，我们可以不造武器，但不能阻止别的国家拥有武器，所以一旦战争发生，我们就无还手之力。武

中国人发明火药的初期，火药只是用来吓唬敌人，或者是用来生火的。上图描绘了中国唐代时，士兵们第一次在战场上用抛石机投掷火药包。

诺贝尔的父亲伊曼纽尔·诺贝尔，他是一位工程师和发明家，在斯德哥尔摩参与修建了一些桥梁和楼房。他仪表堂堂，一头亚麻色长发，两眼炯炯有神，充满自信。据说暖气装置就是由他发明的。

器并不是造成战争的直接原因啊，我们制造的武器如果非常强大，强大到只要一使用，就可以在最短的时间里毁灭敌我双方，这样也许就不会再发生战争了。"

硝化甘油

诺贝尔父子工厂的大部分订单来自俄国政府，这个国家当时正在进行克里米亚战争，军队急需武器和现代化装备。这期间，诺贝尔父子生产并研制了大量的军用材料。俄国第一条铁路上使用的铁器制品、大批的大炮和蒸汽机械等被生产出来。由他们建造的兵舰，甚至到第一次世界大战中仍然在服役。

1853 年，父亲伊曼纽尔·诺贝尔曾被授予帝国金质奖章，表彰他在俄国工业中的"勤奋和技艺"，这对一个外国人来说是一种罕见的荣誉。

大批的订单使得老诺贝尔满怀信心，他借了大量的债来扩充他的工厂。然而，1856 年，俄国在这场战争中失败了，新政府撕毁了一切合同，这家雇用了 1000 多名工人从事大规模生产的模范工厂突遭厄运。精通外语的诺贝尔被派往欧洲各国筹措资金，但却空手而归。

老诺贝尔又一次破产了，他不得不带妻子回到了祖国瑞典，留下儿子们来料理工厂的债务问题。

此后几年，在哥哥们致力于处理债务的时候，诺贝尔则重新钻进了试验当中。这一时期的首批研究成果取得了 3 项最初的专利权：即 1857 年的气体计量仪，1859 年的液体计量仪，以及 1859 年的改进型气压或流体压力计。不过，

在硝化甘油炸药用于工程以前，人们开山筑路只能使用黑色火药，既费时又费力。

和后来的炸药发明比起来，诺贝尔这一时期的发明没有很重大的价值。

1856 年，诺贝尔首次从俄国化学家尼古拉·津宁教授那里接触到硝化甘油。硝化甘油是 10 年前，意大利人索布雷罗发现的。因为当时实验室被炸毁了，所以没有人知道硝化甘油在何种状态下会引起什么程度的爆炸。由于这个物质的形状，好多研究者望而却步，但是，诺贝尔却决定解开这个秘密。

他开始设法控制这种烈性爆炸物。他要做的，首先是怎样远距离地点燃它，而又不至于伤人。这一点似乎并不难，只需加上一根导火线便可解决。因为硝化甘油这种液体只有在一下子受热或整体一下子受到撞击时才会爆炸。这样做只能引着一部分，而不能使全部硝化甘油爆炸。

诺贝尔想到了黑色火药，他在一个小玻璃管中装上硝化甘油，再把玻璃管放入一个白铁皮罐，其周围塞满黑色火药，再连上导线。当导线点燃后，硝化甘油便整体爆炸。

研究仍在继续，诺贝尔希望能减少黑色火药的使用，而使硝化甘油成为爆炸的主体。

1863 年 10 月，伴随着"轰"的一声巨响，诺贝尔的实验室"飞"上了天。周围的人们都认为诺贝尔这次难逃劫难，后来却发现浑身是血的诺贝尔从瓦砾堆里爬了出来，他高兴得热泪盈眶。诺贝尔在一个金属管的底部装入硝化甘油及黑火药的混合物，而上部装入了雷酸汞及导火线。当导火线点燃，燃性极好的雷酸汞会引起底部的混合物快速爆炸——雷管被发明出来了。他终于找到了引爆大量硝化甘油的较佳助燃剂——雷酸汞。

1863 年 10 月 14 日，诺贝尔的硝化甘油制品第一项专利权在瑞典得到批准。这一发明很快被应用到现实的工程当中，大大加快了工程的进度，节省了大量的时间和金钱。另一方面硝化甘油对有些疾病特别有用。

诺贝尔在瑞典斯德哥尔摩的郊区购买了一幢小小的房屋，添置了简单的设备，雇用了一名化学技师和两名工人，开始生产极少量的硝化甘油炸药。这家企业的诞生，标志着诺贝尔一生作为另一种重要角色——企业家的开始。正是从这里起步，诺贝尔后来建立起了他遍布全世界的炸药工业帝国，他成为当时首屈一指的工业

索布雷罗（1812—1888），意大利化学家。他于 1846 年发明了硝化甘油。硝化甘油是强爆炸物，同时它还具有治疗心脏病的作用（诺贝尔晚年得过心绞痛病，医生给他开的处方正是"服用硝化甘油"）。

诺贝尔开办的一家炸药工厂内工人们正在包装硝化甘油炸药。

1864年9月3日,小工厂发生爆炸,只有21岁的埃米尔就在这次事故中不幸遇难。

巨头。

从纽约到德国再到悉尼,人们谈油色变,海港人员和铁路工人都不肯碰它,这种"送命油"引起了普遍的恐惧心理。由于大众对硝化甘油炸药的威力认识不足,并且缺乏必要的防范措施,生产之初,各地因硝化甘油炸药酿成事故的消息不断传来。

1864年9月,斯德哥尔摩的小工厂发生爆炸,诺贝尔21岁的弟弟埃米尔、化学师、两名工人以及一位路人遇难。

周围的人们惊恐万分,警察局甚至传讯了诺贝尔父子俩,宣布"禁止在居民区制造和储存硝化甘油"。这次事故后,老诺贝尔因悲伤过度而中风,在此后长达8年的有生之年一直卧床不起。

诺贝尔深感悲痛,但他坚信,这绝不是结果,威力强大的爆炸物的出现必将造福人类。他把购买的设备搬到了停泊于柏拉伦湖面的一只带有篷盖的驳船上。在这个远离首都建筑稠密区的地方,他们继续工作,直至1865年3月特尔维根市荒郊的厂房建成为止。

炸药工业帝国

18 65年,诺贝尔在瑞典斯德哥尔摩开设了他的第一家公司。不久,他受在汉堡做进出口贸易的瑞典人威尔汉姆和温克勒的邀请,前往德国汉堡为他的炸药开拓欧洲乃至世界市场。

那一年,诺贝尔在离汉堡30千米的克鲁梅尔注册了汉堡历史上第一家外国公司(阿尔弗雷德·诺贝尔公司)。这儿生产的硝化甘油炸药不仅发售到广阔的德国市场,还销售到海外市场。

当时宣传炸药的一则广告。左边是未使用炸药的情形,右边是使用炸药的场景。

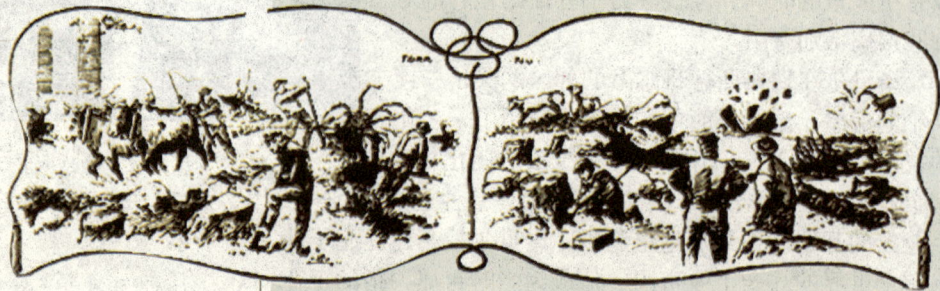

1866年4月，开工时，工厂的全部工人约50人，而且大部分是曾在诺贝尔瑞典的工厂工作过的瑞典人。在1866年和1870年，诺贝尔在克鲁梅尔的工厂两次发生爆炸，但每次都在被炸的废墟上重建，并且规模比以前更大。该地区失业工人很多，但由于两次事故的影响，招工仍存在问题，工人们都很害怕在炸药厂工作。

诺贝尔将他的试验场地搬到了一条驳船上。因为初期试验频繁的事故导致诺贝尔不被允许在市区内进行炸药试验。这张油画再现了当年的场景。

不过，在20世纪最初的几年间，克鲁梅尔工厂的工人超过600人，加上在德国的3家子公司，诺贝尔在汉堡的工厂成为全欧洲当时最大的炸药生产基地。

1864年发明硝化甘油炸药后所发生的诸多事故，使诺贝尔意识到必须加速对炸药性质的根本改变。这个问题的关键在于硝化甘油的浓度，如果有物质能吸收硝化甘油又不影响这种液体的爆炸力，那么合成物质的操作和运输就不会再有危险发生。终于在多次试验后，诺贝尔找到了一种合适的物质——硅藻土。它具有稳定和因孔多而吸水力强的双重特点。硅藻土是一种自然的藻类土，可以在浅海处大量发现。

诺贝尔把硝化甘油炸药和经过烧炼的硅藻土按3：1的比例混合在一起，得到了一种固体的黄色塑胶炸药，因其颜色呈黄色，故又称黄色炸药。

这一年是1864年，诺贝尔年仅31岁。诺贝尔给这种新炸药取名为"达纳"炸药。在希腊语里，"达纳"即"力量"的意思。1866年，在德国的克鲁梅尔，诺贝尔举行了一次"达纳"炸药安全性的公开实验，取得了圆满成功。人们开始称赞这位年轻的发明家给了世界一项划时代的发明。

投放世界市场的"达纳"炸药，如期所料大受欢迎，各国的订单源源不断地涌向了诺贝尔的工厂。在黄色炸药最初投放市场的1876年，当时仅有温特维肯、利萨克和克鲁梅尔3家工厂生产的炸药，总共为11吨。10年之后，由世界各地16家工厂生产的各种黄色炸药超过了5000吨。它证明了诺贝尔公司的巨大成功。

直到1896年诺贝尔去世，他在挪威、俄国、芬兰、英国、美国、法国、葡萄牙、意大利、西班牙、匈牙利、奥地利等国家都建立了专门生产炸药的总公司。在全世界有

埃米尔·诺贝尔是诺贝尔的弟弟，他为安全炸药的研制，献出了自己的生命。他也是诺贝尔的好助手。

这是设在德国的诺贝尔工厂，厂房看起来非常简陋，但所创财富数目惊人。如上图这样的工厂，诺贝尔生前大约开设了 93 家。

几百座工厂，根据他的专利权生产炸药和附属品。

1879 年，诺贝尔兄弟的石油公司成立，总部设在彼得堡。股金资本 300 万卢布，10 名股东持有，诺贝尔出资占全部股票的 1/30。

后来，在诺贝尔家族的熟练运作下，诺贝尔兄弟的石油公司发展成巨大的世界性企业。在 20 世纪初的几年间，诺贝尔家族在巴库的石油产量甚至超过了美国。炸药厂 93 家工厂的总产量为 6.65 万吨，产值大约为 1 亿瑞典克朗。15 年后，直到第一次世界大战前的几年和平时期，欧洲的 50 家工厂和世界其他各地的大约 25 家工厂企业的生产数量，提高到年产量 8 万吨，产值 1.2 亿克朗。在这一时期内雇佣的生产工人估计共约 1.5 万人。在 1929 年，产量为 17 万吨，产值为 2.5 亿克朗。

诺贝尔建立了一个完整的炸药工业帝国，为世界留下了一笔巨大的财富。

【"炸胶" 和无烟炸药的发明】

生都在"流浪"的诺贝尔对巴黎有着非常美好的印象。他的一生中，有 18 年是在文化之都巴黎度过的。

1873 年，40 岁的诺贝尔在巴黎的马拉可夫大街买下了一座非常豪华的别墅，在院子里布置了一个投资巨大的实验室。同他一起工作的是一位法国的化学家乔治·费伦巴赫，在与诺贝尔合作的 18 年中，他对诺贝尔的发明作出过很大的贡献。

乔治·费伦巴赫，法国化学家。他与诺贝尔共事 18 年，直到诺贝尔被迫离开法国。他是诺贝尔的得力助手，是一位诺贝尔终生都非常信任的人。

炸药实验室在市中心不太方便，诺贝尔便在巴黎市东北 16 千米的塞夫兰建立了他的实验室，使这里成为 19 世纪末法国的炸药生产基地。那时，全村约有 1000 位居民，竟然有 650 人（男人、女人、孩子）从事炸药生产。

1876 年初秋的一天，一位名叫莎菲亚的卖花姑娘在维也纳的初秋里走进了诺贝尔的生活。莎菲亚出身于维也纳市区一个普通市民家庭，非常漂亮，她身上散发出一种与她身份不符的独特气质：沉静、忧郁而又高贵。结果，由于一次又一次的分分合合，为了莎菲亚，诺贝尔付出了大量的金钱和耐心，直到莎菲亚最终嫁给了一位普通的上尉。诺贝尔一生都没有结婚，也许就因为这次不成功的恋爱。

后来，诺贝尔在塞夫兰购买了一座别墅，在这里从事自己的炸药研究工作。就是在这里，诺贝尔完成了一生最大的发明之———炸胶，一种爆炸性极强但又安全的炸药。

1875年，在一次实验时，诺贝尔的手指被突然破裂的试管划伤了。他的助手顺手为他贴了一块名字叫硝棉胶的创伤膏。

那天夜里，手指还在隐隐作痛，直到疼痛难忍、夜不能寐。诺贝尔觉得奇怪："那么点伤，手指为什么会痛得如此厉害呢？是不是有什么东西通过硝棉胶渗到伤口中去了？"诺贝尔一跃而起，穿着睡衣跑进了实验室。因为他想起自己睡觉前一直在摆弄硝化甘油，他想，硝棉胶和硝化甘油一定有着什么联系。

那个晚上，诺贝尔通宵待在实验室里。诺贝尔的估计没有错。原来，硝棉胶的主要成分就是一种叫做硝化纤维的具有爆炸性的物质。在天亮前，他终于将硝棉胶和硝化甘油配制到一种最合适的状态，制成了具有强大爆炸力并且安全的新型炸药。

诺贝尔当年所购置的厂房今天是塞夫兰城市礼堂，而后面的老实验室却得以完整保存。今天，它已被改建成诺贝尔纪念馆。

诺贝尔为其取名为"胶质炸药"，即"炸胶"。在随后大约两年多的时间里，诺贝尔和他的助手不断对这种炸药进行试验与改进，为了测试其安全性，据说一共试验了250多次。

"炸胶"的发明，是炸药发明史上的又一场革命。这种炸药不怕砸也不怕摔，遇火也不燃烧，所以无论运输或操作都非常安全。它的爆炸力比"达纳"炸药更强，不但可以很容易地用于任何重大工程，而且大大地提高了工作效率，因此，受到了全世界的欢迎。

19世纪80年代，欧洲各国政府出于政治目的，急需适合武器使用的威力更大、冒烟更少的无烟炸药。为此，世界各国

安全又爆炸力强的炸胶诞生在1875年。1876年专利获得批准。通过坚持不懈的努力，诺贝尔一次又一次把炸药的制造技术提高到了一个新的水平。左图是诺贝尔发明的"超级达纳"炸药。

101

除去工厂之外，诺贝尔最主要的工作场所就是实验室，这是他设在巴黎的实验室之一。

诺贝尔在塞夫兰的地产现属于塞夫兰市政府，只有政府礼堂门口的牌子上赫然写着的几个大字才让人觉得这所房子的主人曾经是诺贝尔。

的科学家都在设法解决该问题，但都未获得成功。

诺贝尔的思路与其他人完全不同，他从赛璐珞着手。因为赛璐珞一般都含有硝化棉，硝化棉的含量约占赛璐珞总量的 2/3，但是由于含有增塑型樟脑，而且赛璐珞的密度又很大，即使将它做成细粒状，赛璐珞的燃烧速度仍然太慢，而不适合作为子弹的推进力。

接着，他考虑到，如果硝化甘油全部或部分地取代樟脑，则有可能产生一种具有足以形成颗粒状的必需密度的赛璐珞，将它用来代替黑色火药，装填在火器内，它就会以适中的燃烧速度进行燃烧。

诺贝尔的实验结果表明，赛璐珞比黑色火药具有可以产生大的推动力，不会留下任何沉渣，而且几乎不产生烟雾的优点。

诺贝尔经过长达 8 年的研究，终于研制出了一种新型炸药——混合无烟炸药。它能产生巨大的爆炸力，不留渣滓，无烟，而且价格便宜，可无限期保存，非常安全。几乎只有在密集的岩石中，用非常精确的方法点燃它才会爆炸。它甚至可以用热碌子碾磨，可以在热气下压制成条状、管状或其他形状而不会爆炸。

就在诺贝尔研制出无烟炸药并申报专利时，法国的一位化学家用完全不同的技术也研制出了一种接近无烟的炸药。最后法国军队还是采用了本国人研制的炸药。诺贝尔的专利遭到了法国专利部门的否定。诺贝尔为此感到非常失望，后来，诺贝尔以 50 万里拉，将这项专利权转让给了意大利政府。于是，意大利政府成为第一家接收诺贝尔混合无烟炸药的政府。

这件事在法国上下引起轩然大波，结果，1891 年，诺贝尔不得不离开这个曾给他带来快乐与幸福的国家。

1891 年，诺贝尔来到意大利波嫩特河边的美丽的小镇圣雷莫。他住在一所新装修的别墅里，里面有一个大花园，他可以在此俯视碧蓝的地中海。他希望那里的气候对他的支气管炎和慢性中风有好处。

勤奋和努力一直是他不变的信条。诺贝尔在圣雷莫建造了一座伸向海里的小码头，在这里，诺贝尔进行了最后 5 年高度紧张的工作。终于完成了他在炸药领域的最后发现，即所谓"改进型无烟炸药",那是为了适应某些特殊目的而进一步改进了的混合无烟炸药。

除了研制炸药外,诺贝尔的研究涉及到方方面面:高分子化学、军事制造学、生理学、电化学、空中摄影学、医学等领域。在诺贝尔去世后,清算他的遗产时,人们惊奇地发现他在各国取得的发明专利,总共不少于 351 项!

1895 年,诺贝尔同瑞典工程师鲁道夫·利列克维斯特一道,在崩茨佛斯建立了一座电气化学公司。这是瑞典的第一座生产电镀产品和工业及医药化学用品的工厂。

文学、医学、和平

诺贝尔是一个成功的发明家和商人,他的"第二事业"是文学和写作。他有个私人图书馆,藏书逾 1500 卷,内容涉及文学、哲学、历史、科学等领域。尤其是 19 世纪经久不衰的经典作品,大部分为原著作者的第一语言文字。

早在彼得堡时,他就经常阅读浪漫主义诗人雪莱、渥兹华斯、拜伦等人的作品。他们的诗常令他感动,诺贝尔在他所写的诗歌中甚至模仿雪莱的风格。1851 年诺贝尔第一次去巴黎时,就用英文写了一首长达 419 行的非常出名的自传体诗。在巴黎,诺贝尔结识了他最仰慕的人大文豪维克多·雨果———位和平和理想主义的作家。在 1885 年雨果 83 岁生日时,诺贝尔发去贺信:"伟大的大师,祝你长寿,用你的博爱思想使世界更灿烂美好!"

除诗之外,他还写小说、戏剧。这些爱好和他后来在遗嘱里说明设立文学奖是分不开的。

1895 年,诺贝尔开始写遗嘱。当时,瑞士著名的卡罗琳医学院连给学生考试的资格都没有,学生必须到更高一

尽管诺贝尔在留居巴黎期间曾花了很多时间去旅行,但塞夫兰的实验室却是他永久和最喜爱的工作地点之一。与 50 多个发明创造有关的最后阶段的化学实验、办理专利和投入生产前的预备工作就是在这里进行的。

雨果(1802—1885),法国积极浪漫主义作家。其代表作有《巴黎圣母院》《悲惨世界》《海上劳工》《笑面人》等。雨果在其剧作中表现出对劳动者的深切同情,发出对资本主义社会罪恶的控诉。他反对专制和教会,但他却天真地认为可以用爱情、善良和仁慈改造社会。

图为诺贝尔的特别手提箱，就好像随身带着的一个小实验室。除了笔和信笺，皮箱里装满了瓶瓶罐罐，在奔波于世界各地的旅途中，诺贝尔总是将它随身携带。

级的大学参加考试。为什么诺贝尔医学奖的审定要由瑞典卡罗琳医学院来完成呢？

有人认为卡罗琳医学院之所以吸引诺贝尔，主要应该感谢两个人：一个是从事体素和体液组成分析的科学家雅可比·贝尔兹留斯；另一个是莱特兹尤斯，从事教授解剖学，用显微镜从事体液细胞组成方面的研究。

1890 年，诺贝尔将当时受过良好教育的年轻的瑞典籍科学家约翰逊接到他在法国塞夫兰的实验室从事了 6 个月的输血研究，这是一个诺贝尔当时非常感兴趣的领域。诺贝尔认为输血的主要困难在于血液在体外非常易于变坏，应寻找更合适的在献血者和受血者之间的管子，使血液细胞更安全地传递。由于缺乏更扎实的基础研究，这一研究没有任何结果。直到 1909 年，奥地利科学家卡尔·莱得斯特纳发现了血型理论，安全输血才成为可能。1930 年，莱得斯特纳由于此发现而获得 1930 年的诺贝尔医学奖。

由于约翰逊与诺贝尔的良好合作，1890 年诺贝尔从他母亲的遗产中拿出 5

万克朗，在卡罗琳医学院建立了一项以他母亲命名的"卡罗琳·安德烈特·诺贝尔基金"，供各科医学试验研究，出版上述研究成果。

诺贝尔对炸药的研究充满了狂热，但与诺贝尔发明炸药的初衷大相径庭，炸药被越来越多地用于制造武器，越来越多地用于战争。他从没有任何去征服别人的领土和掠夺他们财产的意愿。诺贝尔与和平主义者贝尔塔的交往中可以证明这一点。贝尔塔是一个贵族出身的奥地利人，有良好的教养。

诺贝尔和贝尔塔的友谊开始于 1873 年。当时，已 40 岁的诺贝尔住在巴黎郊区的别墅，他招聘了一位精通几门语言的女士来兼做他的秘书和管家，这个人就是贝尔塔。她和诺贝尔共同相处了较短的一段时间，彼此留下了美好而深刻的印象。

后来，贝尔塔成为一位作家，用她的笔墨向文明世界呼吁消灭战争。她的自传体小说《放下武器》喊出了千千万

诺贝尔死后，一位圣雷莫的知名人士买下了"诺贝尔别墅"并与"诺贝尔基金会"合作，将它作为科学与文化活动的中心。

万个母亲、妻子的心声，并且代表她们向战争贩子提出了强烈的抗议。

贝尔塔的和平主义思想对诺贝尔的影响非常大，她是最早唤起诺贝尔热爱和平的人。从 19 世纪 80 年代中期至 90 年代中期，他们之间的重要信件就有 30 封左右，其中一半是探讨和平事业的。

1892 年，诺贝尔出席了在瑞士伯尔尼召开的国际和平大会，从此他把自己的经济利益和他在公共福利方面的活动截然分开，开始致力于和平事业。这是他第一次得以在世界大众面前正式表明他的和平思想。

这些爱好和周围人的影响，形成了诺贝尔对诺贝尔奖项的设立最初的出发点。后来，在诺贝尔设立的五项诺贝尔奖中，其中就有文学奖、医学奖与和平奖三项。

这是一幅描绘诺贝尔在巴黎马拉可夫大街53号别墅的油画。从中我们可以感受到这所房子的豪华和当年主人的富有。

伟大的遗嘱

人到老年，诺贝尔开始考虑自己的归宿。一生以四海为家的他，虽然在意大利的圣雷莫和法国的巴黎都拥有至少三处以上的别墅，但陪伴他的始终只是寂寞与孤独，甚至没有一个真正意义上的家庭。

他最为崇敬的母亲和哥哥路德维格已去世多年，科学界和商界真正志同道合的挚友也寥寥无几。19 世纪末期，诺贝尔打算回到他的祖国——瑞典，虽然他 9 岁就离开了这里，却从来没有忘记自己是一位瑞典公民。

一位归国富翁的生活该是什么样的？买下一幢漂亮的公寓或乡村田庄来安度晚年？不，这不符合诺贝尔的个性，他是一个属于工作的人。

1893 年 10 月 21 日，诺贝尔的 60 岁生日，当天他的实验记录和日记表明，在那个和平时一样忙的工作日里，他打算办理"无声发射武器"和"消除唱片上的干扰性噪音"的发明专利权；这位思虑深远的经济巨人，在为社会制造了那么多雷鸣般的爆炸之后，现在竟向机械制造宣战了。他在考虑购买瑞典的钢铁公司博福斯。

1894 年，诺贝尔花费了 130 万克朗买下了在韦姆兰省博福斯的"博福斯——古尔斯邦公司"，这里后来成为著名的钢铁厂和弹药厂。诺贝尔同时还买下了附近的卡拉斯大

诺贝尔花费了 130 万克朗买下的博福斯——古尔斯邦公司，它后来成为著名的钢铁厂和弹药厂。这门威武的大炮即是这个工厂的产品，名叫"博福斯式"高射炮。

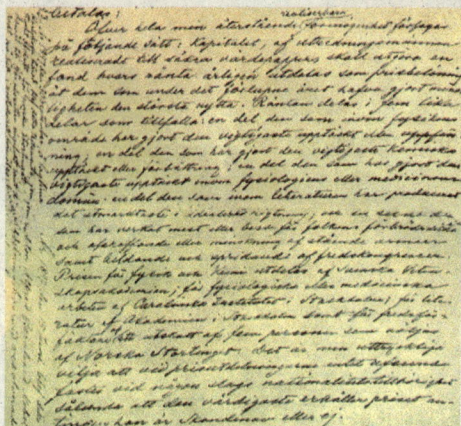

诺贝尔的遗嘱原文

瀑布,他计划开发这条河流的水电资源。这是瑞典利用所谓"白煤"的早期范例。而水电开发,成为现今这个国家最重要的电力资源。

瑞典冬天的凛冽气候,对于这位新的主人来说是太残酷了。诺贝尔从小便体质不佳,而现在,他的健康状况更是愈来愈糟糕了,严重的偏头疼和血管痉挛症纠缠着他。他被告知,他得的是一种严重的心绞痛症,必须得到绝对的休息。

宣布这一病症的医生的实际意思是说,是到了该准备后事的时候了。诺贝尔深刻地领会到这一点。这位一生都在探索与思考的巨人开始认真地考虑起自己的身后之事。

一直都存在于脑海中的和平思想,诺贝尔想使它发挥作用,变成真正对世界有利的现实,用他力所能及的方式——捐献大量的金钱。

事实上,诺贝尔一直是这么做的。诺贝尔的急公好义在整个欧洲都很有名。他用金钱资助过许多因经济原因而被迫放弃研究的科学工作者,他诚心诚意地赞助慈善事业,对每个人的恳求都非常关注。

他曾经在给友人写的一封信中描述这样的情景:每天至少有两打求助的信件,平均需要 2 万克朗,一年合计至少要 700 万克朗。当然,这样巨大数额的资助要求使大富翁诺贝尔也难以应付,而且,区分这些要求的动机是不是真的很重要,这些也需要诺贝尔付出必要的精力与时间。断断续续,诺贝尔制定了一些条条框框来规定了那些受助者的条件。他越来越深刻地感觉出,需要找到或建立一个专门的机构,来帮助他处理这方面的事务。

在生命的最后 10 年里,诺贝尔曾写过 3 次遗嘱。最后的一次写于 1895 年 12 月 27 日,在这份遗嘱里,他把自己的财产交给了一个基金会。基金会每年的收益用来奖给科学和文学领域内的杰出人物,以及为促进世界和平做出最大贡献的人,以表示对他们的敬意。

这最后的遗嘱,终于使诺贝尔有机会向世人表明他究竟是一个怎样的人:是一个专门制造炸药从而使战争的残酷性加剧的人,还是具有崇高理想的专注的科学家?

诺贝尔因他的遗嘱,把他的名字和文明、进步与崇高紧紧地联系在一起。

这是 1895 年 12 月 27 日诺贝尔遗嘱的主要译文:

签名人诺贝尔,在经过成熟的考虑之后,就此宣布关于我身后可能留下的财产的最后遗嘱如下:

我所留下的全部可变换为现金的财产,将以下列方式予以处理:这份资本将由我的执行者投资于安全的证券方面,并将构成一种基金:它的利息每年以奖金的形式，分给那些在前一年里曾赋予人类最大利益的人。上述利息将被平分为 5 份，其分配方法如下：一份给在物理方面做出最重要发现或发明的人；一份给做出过最重要的化学发现或改进的人；一份给在生理和医学领域做出过最重要发现的人；一份给在文学方面曾创作出有理想主义倾向的最杰出作品的人；一份给曾为促进国家之间的友好，为废除或裁减常备军队以及为举行与促进和平会议做出最大或最好工作的人。我明确的愿望是，在颁发这些奖金的时候，对于获奖候选人的国籍丝毫不予考虑，不管他是不是斯堪的那维亚人，只要他值得，就应该接受奖金。

肆虐的病魔为诺贝尔选择了一个非常突然的方式离开了人世，他得了脑溢血症。

1896 年 12 月 10 日，在圣雷莫的别墅里，这位不知疲倦的科学巨人在疾病袭来之前的几个小时，还在给他的助手及好友索尔曼写一封关于新型的硝化甘油炸药的信件。信的末尾说："一旦到了我能够的时候，我就将回到这个使我们感兴趣的题目上来。"

信尚未寄出，疾病就袭倒了他，从发病到最后合上眼，只有短短的几个小时。诺贝尔自己多次担心过的不祥预言变成了事实："临死之前，周围只有雇用的仆人，而没有任何一位亲人用他的手轻轻地帮我合上双眼，并且小声地说几句温柔真诚的安慰话。"他的仆人们甚至来不及通知他的两个侄儿及他的好友。

在离开之前，疾病使他无法站立，而且部分地失去了说话的能力，我们永远也无法得知他那时表达了怎样的意思。

依照他生前的愿望，亲友们为他安排了最后一次远行，护送他的遗骨回到了斯德哥尔摩，安葬在他的父母及弟弟的身边。墓碑上简简单单，只刻着他的姓名及生卒年月。

挪威奥斯陆·诺贝尔会馆前的诺贝尔铜像。诺贝尔和平奖由在挪威设置的机构颁发。

诺贝尔医学或生理学奖奖章

诺贝尔物理学、化学奖奖章

诺贝尔和平奖奖章

诺贝尔文学奖奖章

1833 年	10 月 21 日，出生于瑞典首都斯德哥尔摩。
1841 年	就读于圣雅克布小学。
1842 年	迁居彼得堡。
1850 年	赴欧美旅行、学习。
1853 年	父亲获帝国金质奖章。
1856 年	"诺贝尔父子工厂"破产。
1857 年	首次取得气体计量仪发明专利。
1859 年	发明液体计量仪和流体压力计，并且获得专利权。
1863 年	雷管发明成功。
1875 年	"炸胶"发明成功。
1892 年	诺贝尔在瑞士伯尔尼出席国际和平大会。
1894 年	买下博福斯——古尔斯邦公司，使其成为著名的钢铁厂和弹药厂。
1896 年	12 月 10 日，诺贝尔在圣雷莫去世，享年 63 岁。

Bell

　　在信息时代的今天，我们依然记得电话发展的漫漫百年，记得电话的发明者——亚历山大·格雷厄姆·贝尔。电话，这个使整个世界变成了一个"地球村"的设备，不仅仅是一个电器，而是一场革命。

　　贝尔在27岁时，开始研究"多路电报"，他曾做了多次实验。在一次偶然的实验中，仪器发生故障导致了电话的发明。对于贝尔来讲，他的发明可能归功于偶然，但就整个时代而言，他的成功又是必然的。电话的发明使人们的生活发生了巨大的变化，也使得贝尔成为举世公认的"电话之父"。

亚历山大·麦尔维尔·贝尔是一位语言缺陷矫正专家，受父亲的影响，贝尔从小便对声学产生了极大的兴趣。

爱丁堡历史悠久、风景秀丽。18世纪时，这里曾是欧洲文化、艺术、哲学和科学中心。下图为爱丁堡的精神象征——爱丁堡古城堡。

贝尔家族

19 世纪的爱丁堡是一个多姿多彩的城市，它是英国苏格兰时尚与文化生活的中心。这里古堡雄踞，王宫屹立，市区建筑古色古香，典雅宏丽，被视为北方的雅典，它是大不列颠时代艺术和科学的重要据点。苏格兰拥有强烈鲜明的传统文化：可以演奏出美妙乐章的风笛乐队，苏格兰人特有的传统方格裙子，建筑独特的城堡，热情奔放的舞蹈和美丽神奇的高地风光，每年夏天还举行具有浓郁苏格兰风情的高地运动会，所有这一切都令人沉醉。

1847年3月3日，在这个充满智慧的城市中，古老威严的贝尔家族里传来了婴儿呱呱坠地的啼哭声，而这个刚出生的婴儿，就是后来举世闻名的电话之父——亚历山大·格雷厄姆·贝尔。

贝尔的父亲和祖父都是声音和人际交流方面的专家。祖父亚历山大·贝尔早年在苏格兰当过鞋匠、演员，后来经过努力，成为了一名语言缺陷矫正专家。父亲亚历山大·麦尔维尔·贝尔长大后继承了父业，成为祖父的助手。

贝尔的父亲亚历山大·麦尔维尔·贝尔和伊莱扎一共有3个儿子，贝尔是他们的二儿子。贝尔对声音传递的研究，大部分得自于家族的遗传。

小时候，贝尔深受父亲和祖父影响，为能从事帮助聋

哑人的事业而自豪。他母亲伊莱扎听力很差，要把一根管子顺到耳边才能听到别人讲话。和母亲语言交流的不便使贝尔很小就在思考语言交流方式的问题，并从母亲那里学会用不同的手形表示字母（即手语会话法），贝尔对聋哑人充满同情和关怀。

尽管近乎耳聋，伊莱扎钢琴却弹得很出色。她把助听用的管子一端固定在钢琴的共鸣板上，另一端放在耳边，因而可以欣赏自己的演奏。

贝尔很小便表现出了惊人的音乐天赋，伊莱扎非常欣喜，专门请了爱丁堡一流的钢琴教师来为他启蒙。贝尔的学习进度近乎神速，这让所有人都惊讶不已。当时，他一心梦想着将来成为一名职业钢琴师。

贝尔的父亲麦尔维尔被爱丁堡大学聘为讲师，教授演讲和辩论术。他曾编著《标准演说家》一书，深受学生欢迎。而他一生最杰出的贡献是创造出了"可视语言"——一种特殊的符号语言，借助它，耳聋的人们能正确地发出任何语言的任何声音。

少年贝尔经常帮助父亲为大家演示可视语言的作用。父亲总是先让人们随便发出一些声音，用可视语言的符号写在黑板上。然后再让已经熟练掌握可视语言的贝尔进来，为大家解读刚才发出的声音。

贝尔一直在家接受教育，直到10岁那年，他才进入正规的学校进行学习。在各门功课中，贝尔对自然科学的兴趣格外浓厚，收集植物、捡鸟蛋、保存小动物的骨骼标本都是他最拿手的。

上学期间，贝尔完成了他一生中的第一项发明——改进水稻脱壳机。有一次他到同学家的面粉厂去玩，刚在厂区里头转了一圈，同学的父亲看他们碍手碍脚，便故意出难题，让他们想办法给小麦脱壳。贝尔想到他们在工厂闲逛时看见过一部闲置的机器上装有带刷子的轮翼，这机器应该有些用吧。两个人反复试验，很快就非常骄傲地给那位厂主送去了脱壳的小麦。

虽然贝尔的科学才能正在一步步展现出来，但父亲对儿子的学业还是深表不满。1862年贝尔的祖母去世了，祖父一个人住在伦敦，非常孤独。父亲决定让贝尔离开学校，去陪祖父住一年。祖父教贝尔科学地安排自己的时间表，使每天的学习都更富有成效。有时他会让贝尔成段地背诵莎

贝尔三兄弟和父母在一起。左起依次为哥哥梅利、贝尔、母亲伊莱扎、弟弟特德、父亲亚历山大·麦尔维尔·贝尔。

少年时期的贝尔

查尔斯·惠斯通（1802—1875），英国著名的物理学家。他很早就对物理学研究表现出极大兴趣，在物理学的许多方面都做出了重要贡献。

在兄弟三人当中，贝尔最受父亲的青睐。为了使他能继承家族事业，父亲对其尤为严厉。图为青年时期的贝尔。

士比亚戏剧中的独白，有时他把贝尔带到自己的课堂上去，让他听自己如何纠正学生演讲中的毛病。贝尔还获得了进入祖父图书馆的自由，这使得他有机会接触很多有关声音研究的书籍。

跟祖父生活了一年，贝尔就回到了爱丁堡。由于父亲常被邀请去伦敦演讲，贝尔也跟随父亲一起去伦敦。当时的伦敦已成为英国乃至世界的文化中心，经常举办各种文化活动，那里云集各个学科的杰出人物。

一个偶然的机会，父亲应邀拜访英国著名的物理学家查尔斯·惠斯通，贝尔也一同前往。查尔斯·惠斯通是当时科学界颇有影响的人物之一。他早期的科学研究主要集中在声学和光学领域，惠斯通告诉麦尔维尔说，目前他在构想设计一种会说话的机器，模仿人身体的构造，只要操作正确，就会模仿人的声音来讲话。不过，这样的机器只是在设想之中，并没有去实践，还不知道能否成功。对麦尔维尔这位语言专家而言，这样的想法实在是荒谬至极，但贝尔却听得极为入迷。

这次拜访使贝尔燃起了发明的火花，惠斯通或许想不到，不经意的一次谈话，竟然成就了自己的理想。

"会说话的机器"深深地吸引了贝尔，这个喜欢动手动脑的孩子已经在思考这个新奇的会说话的机器到底该是个什么样子。回家后，贝尔说服了兄弟们，他们开始一起共同投入到"说话机器"的研究之中。

实验刚刚开始的时候，他们设想，哥哥梅利用力吹一根可以伸缩的管子，即这个小机器的"肺"，弟弟特德当助手，贝尔操纵着橡胶做的"嘴唇"，然后，这个装置就可以发出跟人相似的声音了。又经过无数次失败，终于，他们设计出了一个会叫"妈妈"的小机器了。这次成功激发了贝尔的灵感，后来，他又更深入地改善了这个装置的"嘴巴"以及它的"声带"，使得这个机器叫"妈妈"的声更加清晰了。

贝尔的父亲亚历山大·麦尔维尔·贝尔是个典型的19世纪固执己见、武断专横的人。他非常理想化，而且习惯支配别人，他强迫三个儿子学习他所热爱的事业，让他们都加入到他们"家传"的语言训练事业中去，并且对儿子们的学业要求很高。如果儿子们需要钱，必须开口向父亲要，即便如此，所有的开支都必须详细地报账，这样一来，孩子们没有丝毫的独立性。

在三个儿子中，麦尔维尔·贝尔认为贝尔是将来继承他事业的最好人选。虽然贝尔表现顽劣，但他语言表达能力较好，热情和善，更重要的是他懂哑语，所以对贝尔，麦尔维尔的要求更为严格。

1863 年 8 月，渴望获得独立的贝尔开始在外面寻找机会。不久，他发现了报纸上的一则招聘启事。位于苏格兰北海岸埃尔金的西屋学院有两个职位空缺，打算招聘两名教音乐和演讲术的教师。经过商量，贝尔便和哥哥梅利一起向校方应征这份工作，并把父亲的名字列为介绍人，于是校方和父亲取得联系。

结果，贝尔被聘为了教师，而梅利则被父亲留在了身边当助手。不满 16 岁的贝尔成为了西屋学院的教师。他的学生有许多比他年龄都大，但他却能从容面对，凭着才华和热诚，他很快赢得了学生们的信任和爱戴。贝尔共在那里教过两年书，期间到爱丁堡大学进修过一年的希腊语和拉丁语。

爱丁堡大学始建于 1583 年，是英国最古老、最大的六所大学之一。1862 年贝尔进入爱丁堡大学学习语言学，进步很快。

【出色的聋哑教师】

18 65 年，贝尔的祖父去世，全家移居伦敦，父亲接替了祖父的工作，而他的哥哥梅利留在爱丁堡担负起父亲的职责。他在伦敦大学一边帮助父亲工作，一边完成了自己的学业。

从那时起，贝尔就开始了有关声音的科学研究。虽然，贝尔学习极为忙碌，但是他在自己房间的一角建了一个小小的"实验室"。他和他的朋友在各自的房子之间联上一根电线，通过密码交换消息。贝尔还运用从书上看到的电报学知识和从父亲那儿获得的声学知识做实验，对人类的嘴如何能发出这么多不同的声音很感兴趣，尤其是元音的发音。

贝尔的实验室

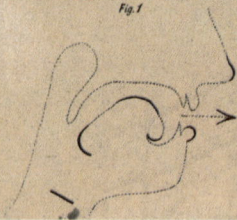

贝尔可视语音手稿

1870年7月21日，贝尔与父母一起前往加拿大。图为贝尔在加拿大安大略省布兰特福德的家。

　　不久，贝尔就提出了自己研究元音的结论：发元音的时候，会伴有微弱的乐声。父亲终于看到儿子在语音研究领域有所建树，兴奋至极，就把信拿给了他的朋友语言学专家亚历山大·埃利斯。随后，老贝尔还特意安排了一次会面，使儿子可以和埃利斯当面进行讨论。

　　在这次会面中，埃利斯告诉贝尔，在元音研究方面，德国科学家亥姆霍兹两年前得出了相同的结论，但比起贝尔的简单论断，亥姆霍兹是利用音叉在电磁作用下发出的颤音来进行研究的。在没使用任何科学设备的情况下，自己竟然与另一位大科学家结论相同，贝尔对自己有了信心。

　　此后，贝尔开始用音叉和电磁学进行实验。尽管他没能完全理解其内容，却记住了它的基本要点——电流能用来发出不同音高和音量的声音。把亥姆霍兹的装置发展成电话，是一个漫长的过程，但贝尔已迈出了第一步。

　　1868年，正当贝尔把全部身心都投入到教学和科研中的时候，家庭却遭遇了不幸的变故。就在这一年，贝尔20岁的弟弟特德，死于维多利亚时代流行的恶疾——肺结核。贝尔从心底里为父母的健康担忧，为了离伦敦近一些，能多照顾父母，贝尔从苏格兰转到英格兰的巴恩任教。在那里，他继续进行着音叉和电路方面的研究工作，并成为伦敦附近一所私立聋哑学校的助理教师。而这时，父亲在美国进行的一系列有关可视语音的讲座也获得了成功。

　　当父子俩的事业正一帆风顺的时候，万万没想到死神又一次降临到了贝尔家。1870年5月，贝尔25岁的哥哥梅利也因患肺结核离开了人世，对贝尔一家人来说，这无疑是雪上加霜。

　　这促使贝尔的父母决心移居北美。麦尔维尔曾经到美国北部讲学，他相信加拿大寒冷的气候对贝尔的健康会有帮助，并且美国的教育界对"可视语音"也较英国更为感兴趣。

　　对于这个决定，贝尔不能接受。他在伦敦的事业刚刚开始，可以独立生活了。但是，他的抗争并没能坚持多久，就再次向父亲屈服了。那时因移民而分散的家庭数不胜数，而且考虑到自己现在成了家里唯一的孩子，与父母同行是自己应尽的义务。

　　1870年7月21日，贝尔一家远渡重洋终

于来到了北美洲的土地
——加拿大安大略省的布
兰特福德。他们在那里买
了一套房子。那所房子十
分宽敞，周围丛林掩映，
一条大河在附近穿流而
过，空气清新纯净，是很
好的工作和学习的地方。

这一年，贝尔23岁，
已经是一个皮肤微黑、
有着旺盛精力的英俊青
年，潜在的天才的创造
力还没有真正得到施展。

当时，电报的发展
达到了它的巅峰期。而
当时的美国正处于蓬勃
发展的时期，南北战争
的创伤正在愈合。太平
洋联合铁路公司和中央
太平洋公司的铁路线在犹他州接轨，这是第一条贯穿整个
北美洲大陆的铁路线。美国的工业开始高速增长，而与此
同时，加拿大也在开始发展。贝尔并不知道，对于自己和
其他千千万万的来自欧洲的人来说，北美洲是一个充满机
遇的乐园。

就在这样一个充满机遇的大环境里，贝尔头脑里原本
存在的对电学的热情与雄心也开始疯长。

波士顿是美国最重要的文化名城之一，它是个发达的
海港和贸易中心，文化艺术和与科技活动也很活跃，并且
拥有美国最大的公共图书馆。就在贝尔到来的前5年，这
里还建立了世界闻名的马萨诸塞理工学院。对于贝尔这样
一个有着广泛兴趣和永不满足好奇心的年轻人来说，这是
个非常理想的居住地。他热情地投入到这个发达的城市，并
抓住一切机遇。

麦尔维尔的预感是正确的。比起英国来，美国对"可
视语音"确实更感兴趣。麦尔维尔第二次去美国巡回演讲
时，在马萨诸塞州的波士顿，一位叫萨拉·富勒的教师意
识到了可视语音的重要性，从中受到了启发，便在波士顿

*在电话未发明以前，
电报是人们快速有效的通
讯工具。它可以不受天气
的影响、时间的限制，通
讯速度又快，一度成为人
们交流的重要手段。图为
19世纪时期繁忙的电报局
内景。*

贝尔在波士顿聋哑人学校供职期间与学生及同事们的合影。最上排右一为贝尔。

开办了一所聋哑学校。当她听说麦尔维尔再次来到美国时，她设法找到了麦尔维尔，请他向聋人学生们传授可视语音。

麦尔维尔便推荐儿子贝尔去这所聋哑学校任教。1871年4月5日，24岁的贝尔离开了他们在加拿大布兰特福德小镇新建的家，来到了波士顿，在萨拉·富勒的聋哑人学校里为聋哑人教书。

贝尔全身心地从事聋人教育。尽管他仍不可避免地借用父亲的可视语音向一些学生授课，偶尔也给其他老师作示范，但他却在潜心研究自己的方法。

当时，聋哑教师普遍采用的是"手语"教学法，即用手指符号拼出单词来表达意思。但是，贝尔并不赞成这样的教育方法，他认为手语阻碍了不同地域聋人的交流。他通晓声音的物理学原理：声音是由振动产生的，因此他采用了各种方法，教孩子们利用可视语音来说出他们根本听不到的声音，并教孩子们通过感受周围声音的振动来体会声音。

贝尔在声音生理学上的研究，是对他父亲所发明的"可视语音"以及唇语的发展和延续，并在此基础上有很大的突破，正因为如此，在聋哑人矫正发音方面，贝尔获得了很好的声誉。是贝尔使那些从未听到过声音的孩子们相信，他们也能开口说话，表达自己的心声。

后来，由于聋哑学校的资金无法保障，使贝尔的聋哑教育不得不停止了。一生之中，贝尔把一半的时间都放在对聋人的教育上。

天才的设想

贝尔生活在被视为电气时代的 19 世纪，电子革命的风潮正由孕育演变到迸发。

随着世界各大洲的经济、贸易等各方面的交流日益频繁，快捷的通讯要求变得紧迫起来。然而，一百多年前的通讯方式几乎依旧延续着五千年前古埃及时期的原始缓慢方式。直到 19 世纪中叶，最快的旅行和通讯方式还是骑马。一般的通信是靠人工邮递和马车邮递，政府急件是由速递员骑着马传送的，速度比普通邮件快一倍。

通讯的落后与迟缓给人们的生活带来了很大的不便，便捷快速的通讯迫在眉睫，许多科学家、发明家都在绞尽脑汁地进行钻研。

通讯技术关键性的变革发生在 19 世纪中期萨缪尔·莫尔斯发明电报以后。

电报的发明，拉开了电信时代的序幕，开创了人类利用电来传递信息的历史。1870 年，第一根海底电缆在大西洋底铺就，从此开始了北美洲与欧洲之间的直接通讯。电报大大促进了商业的发展，西方联合电报公司和大西洋与太平洋电报公司都看到了这个巨大的商机，他们纷纷投入巨资建立各自的电报网，期望着巨额利润的回报。

尽管电报比以往所有的通讯方式都更迅捷，但它的弊端也在它诞生后不久就暴露出来了。电报依靠信息员来把信息从电报站送到相关的人，这当中最大的局限性便是一次只能传递一条信息，所以在发报需求量很大时会造成耽搁，这影响电报及时迅速地传递信息。繁忙的电报局常常

萨缪尔·莫尔斯（1791—1872），是一个享有盛誉的美国画家。进入40 岁，他放弃了绘画事业，开始从事科学发明。1844年 5 月 24 日莫尔斯成功研制发报机，发出了人类历史上的第一份电报："上帝创造了何等奇迹！"

电报刚开始只是适用于陆地通讯，电缆发明后，铺设海底电缆实现了电报的水路通讯。

挤满了等着发报或收报的人。电报公司认识到，这个问题的解决会引来更多的生意，谁能找到解决问题的办法，谁就能获得大笔报酬。

当时，有很多科学家都致力于寻找一种能够在一条电报线路上同时传递多条信息的研究，贝尔也是其中的一员。不过，贝尔的出发点只是想去利用这种新兴的科技更好地去帮助那些特殊的群体——聋哑人。

1873年秋天，贝尔应波士顿大学演讲学院之邀，被任命为演说术教授。波士顿大学不仅给贝尔提供了丰厚的薪水，而且为他提供了适于研究的工作场地，他可以利用业余时间不知疲倦地独自摸索他喜欢的科学实验。第二年，贝尔应麻省理工学院艺术与科学协会的邀请做了一场有关可视语音的讲座，这次讲座在当地引起了很大反响。

尽管贝尔的工作特别辛苦，但对电报这一新生事物，他却表现出极大的热情。贝尔开始从事电报研究时，电报是靠电线向远方传递的，一次只能传递一个信号，存在明显的局限性。头脑灵活的贝尔于是设想利用高低不同的音调达到传递多个电报的目的。在进行多路电报通信的实验过程中，贝尔萌发了在电报线路上通话的设想，这个灵感触动的伟大构想，最终促成了电话的诞生。

基于对这些频率特性的认识，贝尔提出了多路电报的理论，也就是用一根电报线发送不同音高的电报信息。贝尔的设想在电报线的发送端将音叉分出不同的频率，每一种频率携带相应音高的一条信息：在节报端，相对应的音叉接受相对应的频率信息。通过这种方法，看似一团乱麻的电报信息就被按音高的不同由收报方解码出来，贝尔称他的设想为"多路电报"。

早在1872年时，电报公司针对一条电报线路上不能同时传递多条信息的弱点，安装了一种改进装置——复式电报系统。这种系统可以使电报线路能同时双向发报。但是如果在线路的一端同时有许多消息等着发送，那么这种改进装置就形同虚设了。问题并没有解决，电报的性能还需要进一步改进。

1872—1873年的冬天，贝尔全力投入到多路电报的工作之中，为了避免别人剽窃他的实验，他只是利用晚上的时间偷偷地做实验。由于改良电报系统存在着巨大的商业价值，许多发明家都在全力以赴地进行探索，贝尔必须让

1873年，贝尔受波士顿大学的邀请，终于有了一方场地可以从事科学研究。虽然工作辛苦，但是能从事自己喜爱的研究工作，贝尔激情饱满。

自己的实验避开公众的注意。

尽管贝尔对多路电报投注了极大的热情，对所有有关电子学的理论也进行了系统的学习，但由于他缺乏实际的操作经验，以至于每一次实验都以失败告终，研究多路电报的工作始终没有进展。

在后来断断续续的试验当中，贝尔突然有了一个大胆而天才的设想：人的声音能通过电线来传递吗？在一次参加麻省理工学院的展览会时，他看到了一个叫做"声波记振仪"的发明，通过一张膜来传递声音，把声音记录在烟熏的玻璃上。这个仪器实用价值很低，但是贝尔对它潜在的功能非常着迷。

1874年，贝尔向一位医生朋友要了一个死人的耳骨，做成了极其可怕的声波记振仪。当用这个简陋的仪器研究声音特性的时候，在反复的试验中，突然迸发出了灵感。

受新思路的鼓励，他得到了一个启发：只需要很小的能量就能够扩大人的声音。在一张草图中，贝尔记下了发明过程中的这一重大突破。

同年冬天，贝尔终于制造出了一台能同时以两种音高发送信息的多路电报机。他的实验并没有因此而中断，因为他的脑海里随时都会产生新的想法。声音有大有小，有的悦耳动听，有的则令人无法忍受。为什么声音会如此各不相同呢？原因就是不同的声音具有不同形状的波。声波中决定声音大小的是它的振幅，而决定声音音调高低的是它的频率。

尽管贝尔已经在理论上论证了可以借助于电流来传递声音，但他意识到要把多路电报顺利付诸实施，就必须找一个对这项技术感兴趣的投资伙伴。

这时，一个叫加德纳·格林·哈伯

德的人成为贝尔有力的后盾。哈伯德是波士顿能言善辩的律师，马萨诸塞州的参议员，北美洲飞速发展时期出色的商界精英。早在1872年，贝尔就在哈伯德设立的聋哑学校授过课，哈伯德的聋哑女儿——梅布尔正是他的学生。也就是在这时，哈伯德对贝尔产生了好感，并常常邀请贝尔到家中做客，为女儿辅导。

一天晚上，教完了梅布尔之后，贝尔便对哈伯德说出了自己的多路电报理论。事实上，哈伯德早就对电报怀有深厚的兴趣，自从1865年美国内战结束后，西联电报公司就一直控制着整个美国的通讯业，并且其业务迅速向世界其他国家蔓延。多年来，出于商业动机，哈伯德一直在游说议会建立另外一个公司跟

加德纳·格林·哈伯德。这位在贝尔事业上给予赞助的律师，后来成为贝尔的岳父。他后来开办的《国家地理》杂志至今已是世界上发行量最大，最能赚钱的杂志之一。

梅布尔小姐，加德纳·格林·哈伯德之女，5岁时因患病失去了听力。后来成为贝尔的妻子。

贝尔的助手——托马斯·沃森

西联电报公司竞争。

当贝尔将多路电报的实验向他和盘托出时，哈伯德立即意识到这正是一个建立竞争性电报网的好契机。于是，他同意为贝尔的发明提供资金援助，条件是无论贝尔研制出什么专利项目，他都要分享其中的一份。

1875年2月，贝尔与哈伯德和另外一个投资人托马斯·桑德尔正式签署了一份书面协议，起草了三个人之间松散的合作关系：由哈伯德和桑德尔出资援助贝尔的实验。如果贝尔获得专利，那么作为回报，两个投资人将分享部分利润。另外，哈伯德还将承担组织申请专利的工作。尽管他们的合作当时并没有正式名称，后来的历史学家们还是戏称它为"贝尔专利协会"。

有了充足的资金，贝尔的小房间很快就被实验仪器占去了大部分空间。尽管贝尔喜欢独立工作，但他仍意识到自己需要一个精通电学的助手，以便于将脑中的想法完整地表现出来。这时，贝尔认识了一位当时威廉斯公司最优秀的电气工程师——托马斯·沃森。他们的认识，可以说是整个通信史上最为幸运的事情。

沃森是个熟练的工程师，精通电学，拥有丰富的电气工作经验，从不轻易言败。从1875年初开始，沃森很快离开了他以前的公司，与贝尔展开了人类历史上具有纪念意义的实验研究。

1875年初，贝尔和沃森已经完善了多路电报机的设计，准备向专利局提出申请。虽说它还不太可靠，要让电报公司对它感兴趣可能还需要很长一段时间做没完没了的修补和改进，但是他们坚信设计原理的运用是正确无误的，所以，他们对这项设计的前景仍然满怀信心。

与他的竞争对手不同，贝尔没有充足的仪器设备，也没有许多帮他发展完善设计思想的好帮手。在他的实验室里唯一和他并肩作战的伙伴只有托马斯·沃森。

为了更好地论证自己关于用电流传声的可行性，贝尔还曾向美国著名的物理学家——约瑟夫·亨利请教过，亨利听了贝尔的设想非常震惊，并鼓励贝尔继续研究下去。但与此同时，贝尔听到最多的就是尖刻的嘲讽。一位电报技师就曾用嘲笑的口吻对贝尔说："阁下，真是异想天开，电线怎么能传递声音呢？只要稍微懂点电学常识，就不会有这种想法，我看你还是学点电学知识吧！"

1875年6月2日，就在贝尔与约瑟夫·亨利会面3个月之后，贝尔与沃森所做的一个实验更加让贝尔相信了电话传声的可能性。当时正值夏天，天气异常闷热，贝尔和沃森已经热得汗流浃背，仍然在狭小的工作室中忙碌着。他们已经认识到在多路电报研究过程中，收报机的衔铁簧片不能与电报机的簧片同步振动，影响接收效果。

电报机和收报机分别放置在两个房间里，通过一根电线连接着。为了提高效果，贝尔把收报机的衔铁紧紧地贴到耳朵上，但是效果还是不好。贝尔走出电报机机房，让沃森切断电流，检查一下收报机里的簧片是不是卡住了，如果是这样就把它松开。

经过无数次失败后，贝尔和助手沃森终于制成了两台粗糙的样机：圆筒底部的薄膜中央连接着插入硫酸的碳棒，人说话时薄膜振动改变电阻使电流变化，在接收处再利用电磁原理将电信号变回语音。

当沃森发现由于固定衔铁的螺丝钉拧得太紧而使得电报机的衔铁停止振动的时候，他一边松螺丝一边用手指拨动簧片；贝尔在另一端听到了这个声音，就跑了过来，他怀疑这个复杂的泛音的音色是人的声音，他很高兴发现他对于传送语言的预见不再是一个神话。

这个奇特的现象引起了贝尔和沃森的重视，他们想搞清楚这是一个偶然事故还是一个意外的突破。于是，两人又互换位置，将刚才的情形又演示了一次。令人惊讶的是，他们竟然又得到了相同的结果！

之前，贝尔曾经担心人的嗓音可能产生不了足够强大的电流以传到受话一方。而现在，贝尔认为，如果沃森轻轻拨弄簧片能在收报机上产生声波状电流的话，那么人类的讲话声也能做得到。

1926年，在电话发明50周年之际，托马斯·沃森手持贝尔第一次发明的电话留影。

这一现象使得两个年轻人万分激动，在科学研究中，需要精确的理论，反复的实验，细致入微地观察，只有这样，才能得到智慧女神的眷顾。贝尔和他的助手无疑得到了这个结论：声音可以以电流的形式传送，在另外一端又能转化为声音。

这一切是在电流切断时发生的，贝尔和沃森仔细分析了仪器发生故障时出现的现象，他们推断：当电流切断时电磁体还保留着少量的磁性，这使簧片震颤并发出声音。

当微弱的声音通过电线传过来的时候，贝尔记下了电话的发明时间——1875年6月2日。惊人的成功就在眼前，但是将近一年之后贝尔的发明才问世。

就在那天晚上，贝尔把原始电话的草图画了出来：有

虽然贝尔在研究多路电报技术上受阻，但是也打开了他用声音传递信息的新思路。图为贝尔的电话设计草稿。

话筒的一端紧紧地和膜片连接着，讲话人发出的声波能够引起膜片振动，这种振动导致送话器上的簧片跟着振动；簧片恰好在电磁铁的一极振动，由于电磁感应的作用，就会产生一股电流。电流强度是随着人声大小随时变化的，这时接收人把耳朵贴近另一端的膜片就能够听到讲话者的声音了。

尽管新的发现让贝尔惊喜万分，但多路电报的发明才是他们的初衷，贝尔一方面继续着他对多路电报的研究，一方面他也在思索人的声音能不能通过导线相互传递。作为一名矫正语言的专家，贝尔明白，人的嗓音是由一系列声波组成的，这些声波以不同频率振动。

怎样才能把大量的不同的频率转化为电流的变化，而这种电流又在受话端转化为声频呢？

自从证实了声音可以通过电流来传播的设想以后，贝尔研究电话的热情更加高涨。但是他的两个投资人却坚持让贝尔把全部精力放在多路电报机的研究上面，贝尔陷入了深深的困惑之中。

现在贝尔的样品从理论上来讲，已经完工了。给人的感觉是好像马上就要摘取丰收的果实了，可事实上，他们还有很长的路要走。

1875 年 6 月 26 日，在布兰特福德家里做实验时，贝尔突然想到：耳朵的耳膜直径不到 1.3 厘米又薄如棉纸，但是却能带动比它重得多的骨头，那么，如果用一块更大更结实的膜片来带动一块钢板也就是有可能的了。

在对人耳的发声原理分析之后，利用膜片来做电话的设想便在贝尔的头脑中形成了。

后来，贝尔正是模仿鼓膜的振动制作了一个叫膜片的装置，膜片薄得能随声波振动，也能随电流的变化而振动，以使人类嗓音中的各种频率像电子信号一样通过电线传送。

1875 年 7 月 1 日，贝尔首先实验他的新式膜片电话。他兴奋地对着电话放声歌唱，沃森在隔壁房间里听到了受话机里传来了贝尔的声音，尽管很模糊，听不清什么调子，但这毕竟迈出了一大步。

在不断的研究过程中，贝尔发现如果把随声音振动的导线插入导电液体中，比如稀硫酸，可以使电阻发生变化而产生波荡电流，这意味着人的声音可以通过导线来传输。

实验取得了突破性进展，但此后的几个月，哈伯德先生拒绝资助贝尔做这种莫名其妙的实验，实验不得不中断。就在这段时间里，同领域的竞争者拉近了与贝尔的差距，为以后的专利问题埋下了隐患，使贝尔在此后的 20 年里几无宁日。

电话诞生

1876 年的贝尔

1876 年，对贝尔来说，是决定他成功与否的一年，为了研究和完善电话装置，他和助手沃森已经因实验劳累过度而几乎精疲力竭。

经过一段时间的努力，贝尔和沃森研究的电话技术取得了很大的进展，他的技术已经足以申请专利。哈伯德先生也开始关心起贝尔关于电话的研究，并很快意识到贝尔的发明必须尽快申请专利保护。

这年 2 月底，哈伯德和贝尔来到美国专利局申请专利。巧合的是，就在同一天下午，一位名叫伊莱沙·格雷的发明家也来到美国专利局为自己申请专利，他的设计图也表现出与电话相同的理念。

哈伯德比格雷先生提前两个小时完成了电话的申请登记，也就是这致命的两小时，使专利局必须在贝尔与格雷之间做出决定，究竟谁能成为电话的发明者而名垂青史呢？正因为此，后来，围绕贝尔与格雷先生的申请纠纷，一场持续近 20 年的争夺电话发明权的诉讼就此埋下了伏笔。

专利局经过反复的讨论和研究，终于做出了严肃而慎重的决定——电话的专利权属于亚历山大·格雷厄姆·贝尔。

1876 年 3 月 7 日，贝尔 29 岁生日的 4 天以后，贝尔获得了来之不易的专利号 174.465.，他的专利权包括：传送声音机及其他声音技术的方法、设备……通过与空气伴随着说话或者其他声音而振动相似的电流波动。

伊莱沙·格雷虽然和贝尔同年发明了电话，但由于格雷申请电话发明专利比贝尔晚了两个小时，所以也只能榜上无名。

1876年2月，贝尔呈交电话专利申请，后于3月初批准。

专利申请工作完成之后，贝尔满心喜悦地回到了波士顿。在从华盛顿回来的第二天，贝尔顾不上休息，就和他的助手沃森马不停蹄地开始工作了。

1876年3月8日，贝尔和助手沃森把工作地点选在一个小饭馆的楼上。他们昼夜不停地进行实验，贝尔在一间屋里睡觉，在另一间屋里工作，想要吃饭的时候，就可以径直走到楼下的小餐馆里解决。

很快，他们的努力就得到了回报。3月10日，贝尔的实验终于成功了，他发出世界上第一条电话信息。

沃森在贝尔的卧室里守着话机。贝尔在隔壁的工作室里搅拌用来作导电液体的蓄电池酸液时，不小心泼溅了一些出来，酸液很快与皮肤发生了反应，贝尔痛得大喊，叫沃森过来帮忙："沃森先生，请过来，我要见你！"

贝尔的声音通过导线传了过去，沃森即刻冲了进来，他听见了这句话！他接到了人类历史上的第一个电话！贝尔让他重复一次，于是他复述了一遍。一时间，贝尔突然意识到他们的实验终于成功了！惊喜之余，他和沃森交换了位置，贝尔让沃森在这边不停地讲话。贝尔自己则飞奔到电话的另一端，想亲自验证一下他们的实验成果。

这是人类通讯史上的奇迹，历史将永远记下这一难忘的时刻。当时，贝尔认真详细地记录下了整个实验过程。他这样写道："声音很响，但模糊不清。不过，偶尔也有几个字很清楚。最后一句'贝尔先生，你听见我说了些什么吗？'非常清晰。"

贝尔和沃森为自己揭开了这项新技术的序幕而兴奋异常，他们热情地邀请哈伯德来实验室参观他们的实验结果，分享他们的喜悦。

但是，要将这原始的仪器转化为一个世界通用的通讯工具，将是一段漫长的奋斗历程。日复一日，两个充满激情的发明家对此有了更清晰的认识。在有了进展的情况下，他们依旧热情不减。

电话对贝尔来说如此重要，但它并没有成为贝尔生活的全部，同时他还是波士顿大学的专职教授。这真是一段繁忙的日子，如此多的事情都要贝尔亲自去做，为此，他养成了挑灯夜战的习惯。这段时间贝尔和他的助手沃森先生总是工作到凌晨4点，然后大睡到中午10点再继续他们的工作。

贝尔不眠不休地完善电话的各种性能，具有商业头脑、精于投资的哈伯德先生认识到电话将有着广阔的商业前景。在鼓励贝尔加快技术研发的同时，哈伯德先生利用作为议员的便利条件，开始大力宣传贝尔的电话。

就像许多新生事物一样，在它诞生之初，不可避免地要遭受公众的排斥和责难。谁能相信一个小小的装备能让自己与几千米外的亲人相互交谈和倾听？

然而，大多数人的漠然视之并不是最恶劣的情况，还有更糟糕的事情在后头。电话尽管在短时间内无法普及，但它如果成功推出的话，新生事物明显的优越性势必对电报造成严重的威胁。于是，那些大型电报公司为了维持其业务，不惜使用商业手段大造舆论。

作为取得这项发明专利权的贝尔不可能因此而袖手旁观，他要把大家听起来就像是个奇迹的电话介绍给公众。

贝尔以前曾经为父亲的可视语音做过长期的推广工作，他是个能给人留下深刻印象的富有经验的演讲者，像许多出色的教师讲课一样，让别人放弃对电话的疑虑。

1876年5月，在美国著名的艺术与科学学会上，贝尔首次进行了一次"特技表演"。

在会议刚开始时，贝尔按动讲台上的按钮，与会者听见桌子上的盒子内传出圣歌的曲调，现场气氛一下子就被调动起来，大家好奇地看着桌子上的新奇玩意，惊讶不已。

在这条街的另一幢房间里，有人正在奉命弹奏着一台"电报风琴"，琴键通过电报线与讲演厅里的盒子接起来。风琴将每个音符以其特定的频率传送到盒

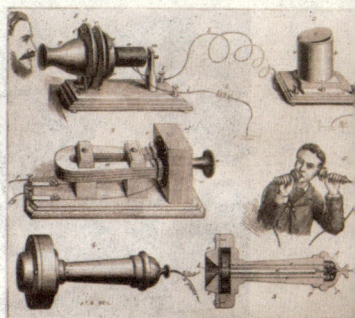

贝尔的电话设计草图

1876年3月10日，贝尔与助手沃森在实验中无意的一次通话被作为人类第一句通过电话传送的话音而记入史册。

贝尔对着他的电话机
在试音。

子内一定音高的簧片上，使它们发出相应的声音。

在场的观众顿时沸腾了，他们当中不少是学术界保守人士，这样奇妙的演示很自然地消除了他们内心对电话的芥蒂。尽管贝尔演示的并不是电话，仅仅是多路电报原理的一种巧妙运用，但是，对于电话的宣传和推广来说，这是一个了不起的开始。而贝尔本人也在会后成了一个新闻界的风云人物，人们开始广泛地讨论贝尔的电话，有许多有益的评论开始见诸于报端。

这无疑是一次成功的推广实验，从此，贝尔开始了漫长而艰辛的电话推广之路，贝尔感到推广一项新发明，比做出一项新发明更加有挑战性！

而后来的一次世界博览会则使贝尔名声大作，一举成名。

1876年6月25日，美国人民为了庆祝国家独立100周年，在费城举行世界博览会。费城世博会，是一届有着特殊意义的世博会。当时美国脱离了英国的殖民统治，经历了南北战争的洗礼，经济上直追当时的头号强国——英国。美国想借该会议展示腾飞中的美国正在各个领域赶超其他先进国家的国家形象，对于广大发明者来说，这无疑是一个千载难逢的推广机会。

和美国其他州一样，马萨诸塞州也提供了自己的展品。哈伯德成为这次送展委员会的一员，负责挑选展品。该州教育展区中关于聋哑人教育的展品中，就陈列有可视语音理论的一些材料。

在这个广阔的展台上，展出着数以万计的新发明，人们游走于各个展品之间，被这些奇妙的东西吸引着，除了惊叹还是惊叹！贝尔的这件装备简单的电话放在教育展区，会展前几天，来参观电话的人却寥寥无几。

然而，成功的机遇从来都只青睐那些有准备的人。就在6月25日这天，好运降临在贝尔身上。这一天，参加评审团的评议组将对参加展览的所有电气发明进行评判。这群人中包括一些美国科学家、巴西皇帝佩德罗二世和英国著名的科学家威廉·汤姆逊爵士（后被封为开尔文勋爵）。巴西皇帝佩德罗二世一向重视教育。前不久在对波士顿的访问中，贝尔演示的可视理论给他留下了深刻

1876年，美国费城举行世界博览会。其意义不只是美国首次获得了世博会的举办权；而是通过博览会，美国向世界展示了一个新型工业国家的崛起。贝尔发明的电话在会上公开演示，从而得到推广。

的印象，而这次百年成就展举行之际，贝尔恰巧又遇到了这位皇帝。

参观者们缓缓地在大厅中浏览，并在伊莱沙·格雷的展台前停留了许久。他们似乎有些疲倦，准备结束这一天的参观，这时佩德罗二世看到了贝尔，他就招呼同行的人到贝尔的展台边看一看。

在贝尔的展品中有多路电报，还有一只电话受话器。受话器通过电线与 100 米开外的话筒相连接。贝尔一下子看到了希望，他抓住机会，简短介绍了电话的工作原理，之后又做出生动的演示。他请哈伯德主持展览现场，自己走到话筒边。轮到佩德罗二世来体验这个奇迹了，贝尔朗诵了莎士比亚《哈姆雷特》中的著名片段"生存还是死亡"。佩德罗二世吃惊得跳了起来，大叫道："天哪！我听见了，我听见了！它会讲话！"

这次公开演示，贝尔把多年来为父亲示范可视语音的才能发挥得淋漓尽致，参观者们无不感到惊讶，评议团的成员们简直不敢相信自己的眼睛，纷纷走上前来试听，演示完毕之后，贝尔获得了满堂喝彩。

贝尔在世博会上的发明宣传获得了巨大的成功，当年的 12 月，贝尔收到了百年成就展组委员会颁发给他的奖项，他发明的电话机也被公认为是费城世博会中"最值得惊异的东西"。汤姆逊爵士在评语中写道：这项发明非同凡响，在科学上具有划时代的重大意义。

【贝尔电话公司】

在费城世博会上的成功并没有使贝尔就此满足，他知道，真正付诸实用还需要很长的时间。

为了论证电话可以借助导线远距离传输的设想，贝尔和沃森开始了更为艰苦的野外实验，他们不断拉开彼此之间的通话距离，3 千米、8 千米、13 千米……实验取得了可喜的成绩，两个年轻人风餐露宿，不断地调试，所到之处都会引来人们的驻足围观。

从 1876 年冬天开始，越来越多的人表现出对电话的兴趣。贝尔多次为人们演示他的发明装置，有时干脆会把这种演示搬到大街上。

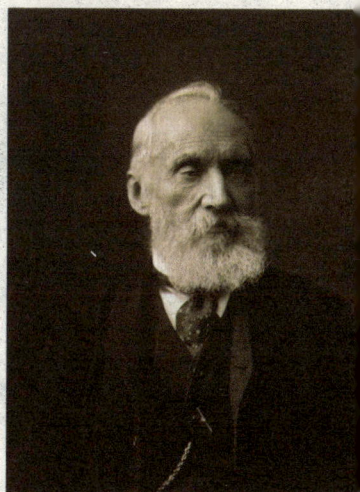

威廉·汤姆逊（1824—1907），英国科学家，在热力学方面做出过显著的贡献。除热力学外，他还在数学物理、电磁学、弹性力学、以太理论和地球科学等方面都有重大的贡献。因为其在科学上的成就和对大西洋电缆工程的贡献，英国女王授予开尔文勋爵头衔，所以后世称他为开尔文。

图1

图2

贝尔做了很多次公开实验来向科学界证明电话的实用性。1877年2月，贝尔在塞勒姆进行了一次成功的公开实验（图1）。贝尔在波士顿的实验室与助手沃森进行交谈（图2）。

1877年，电话在美国已得到了广泛地认可，公众意识到了电话的实用性。

1877年2月12日这天，贝尔在马萨诸塞州的塞勒姆的演讲再次吸引了新闻界的极度重视。在塞勒姆，贝尔演示了如何使用电话，沃森在22千米以外的波士顿与贝尔一道唱歌、交谈，他们甚至还首次通过电话给当地的一家报纸发送新闻。

第二天，《波士顿环球报》刊登了一条题为"电话传送——通过电线以及人的声音发送的第一条新闻"的消息。这条消息在北美各家报纸上互相转载，欧洲的科技杂志上也有报道。

由于新闻媒体的报道，电话在人们的眼里不再是仅供玩赏用的道具，它已经作为一种工具出现在了公众的面前。从此，电话时代开始了。

同年4月初，为了筹备在纽约市的电话演示活动，贝尔和沃森建立了世界上第一座电话亭。做实验时，贝尔在纽约，而沃森则在波士顿的实验室里，他们之间的电话用电报局的电报线连接起来。为了不打扰别人，沃森采取了一些措施，他把床上的毯子取下来在地板上搭了一个临时的小棚子，把电话固定在一端，而另一端用桶箍把话筒悬挂起来。

贝尔做演示时用的电话模型要求说话者对着放在桌子上的盒子大喊大叫，然后弯下腰，把耳朵凑近盒子听回答。这样的电话装置使用起来非常麻烦，于是贝尔对它的模型进行了改进。

贝尔和沃森的实验在继续进行着，通话的距离不断地拉大，电话技术也在不断地得到完善。虽然，电话装置一天天地完善起来了，可是在某些方面还是不尽如人意。哈伯德先生同样也在思考这个问题，尽管实验进展得很成功，但要想把发明成果运用到商业领域，首先必须要有强大的资金支持，产品必须是大众能够广泛接受的，如果要开展电话这项业务，必须铺设不计其数的电网系统，或者与西联电报公司共享电路，显然后者更为有利。但电话业务的开展无疑会和西联公司等电报公司的利益相冲突，后者又显然是行不通的。

由于资金方面的困难，1876年秋天，哈伯德打算以10万美元的价格把电话的专利权卖给西联电报公司。但是，让"贝尔专利协会"的成员失望的是，西联电报公司对贝尔的电话嗤之以鼻。

西联电报公司愚蠢的拒绝对贝尔来说是件好事，因为就在他们拒绝后的两年，这项专利已经差不多可以卖到2500万美元了。西联电报公司的这个决定，被公认为商业史上最愚蠢的投资决策之一，他们拒绝这笔生意的心态在大学课堂上剖析投资失败的原因时，经常被当做批驳和嘲讽的例子。

在这种不得已的情况下，1877年7月9日，哈伯德先生与贝尔筹建的贝尔电话公司正式成立，最初就只有他们四个人：哈伯德、桑德尔、贝尔和沃森。

1877年夏天，贝尔做了一笔成功的交易：将他拥有的在英国的电话专利的部分权益出让给一位商人，从而换取了5000美元。这笔钱使得他可以和他心爱的人结婚了。1877年7月11日，在亲友的祝福声中，贝尔与哈伯德的女儿梅布尔步入婚姻的殿堂。

但是，贝尔电话公司自创立以后，销售情况一直很不乐观，公司遇到了公众的漠视。然而，1878年的一场灾难改变了人们对电话的看法。一列火车在康涅狄格州的特里夫维尔出了事，邻近的哈特福德城富有远见的医生们恰好安装了电话。当地的所有医生都通过电话动员起来，赶赴现场救护伤员。偶然的事件证明并宣传了电话在现实生活中的功用。

此后，电话网开始迅速发展。

电话在上层社会里也造成了很大影响，以至于国会开幕的时候先展示了一番电话。贝尔自己则忙着到英国各地演示电话。有一次他被要求深入到纽卡斯尔的煤矿井下进行电话的演示，还有一次他身穿着潜水衣潜到了泰晤士河底进行试验。

贝尔在英国的宣传工作十分顺利，很快，贝尔公司的电话业务就在英国推广起来。

在不断被大众接受的同时，电话网络也随之得到扩展。到1884年，一个波士顿的居民已可以和纽约的亲朋好友谈天说地。1892年，芝加哥开辟了长途电话业务，并由贝尔从纽约打来了第一个电话。直到20多年以后，美国的东西海岸才由电话线连接起来。但比起电话在欧洲的发展步伐，美国还是快了一步。

尽管使电话得以发展的诸多改进都

贝尔和妻子梅布尔及他们的女儿

1892年，纽约－芝加哥的电话线路开通。电话发明人贝尔第一个试音："喂，芝加哥！"这一历史性的声音被记录下来。

是爱迪生的功劳，但贝尔却从来没有嫉妒过，他十分崇拜这位一生专著于发明的"门罗公园的魔术师"。对于爱迪生对电话做出的种种努力，贝尔甚至表示非常感谢。

【专利之争】

就在电话网络将要得到发展的时候，越来越多的人意识到了电话的重要性与商业价值，因此，许多人都冒出来声称对这一发明做出了贡献，有关贝尔实际是剽窃别人创意的谣言也随之四起。

一时间，贝尔成为众矢之的。攻击来自四面八方，但最有破坏力的是不可一世的西方联合电报公司的指控，这些指控及随之而来的案件审理延续了几乎 20 年之久。

1878 年初，西联公司就开始风闻它的客户纷纷租赁新成立的贝尔公司的电话，以取代电传打字机。曾嘲笑"电话是件虽没坏处，但也未见得有好处的玩具"的西联公司总裁威廉·奥顿在这时才意识到电话的商业价值，他再也坐不住了。

于是，他们先后购买了格雷和爱迪生的发明专利，然后大造舆论诋毁贝尔的发明纯属剽窃，要求重新审查贝尔电话专利的合法性，并设计推出了自己的电话产品。

西联公司组织起一班人马就电话专利权问题向贝尔发起挑战。当时，电报一统天下，西联公司几乎垄断了美国乃至世界绝大多数的电报业务。美国当局的各项政策法规，有时也不得不考虑西联公司的反应，而贝尔公司只是一家新成立的正处于发展中的电话公司，根本无法与强大的西联公司相对抗。

这是一场力量十分悬殊的较量，胜负似乎也已成定局。不久之后，报刊上种种谩骂、诋毁贝尔的文章泛滥成灾。文章指责贝尔剽窃别人的劳动果实，指责他欺世盗名。尽管贝尔无心恋战，但他的合作伙伴们不愿意束手待毙。

9 月 12 日，羽翼未丰的贝尔公司以侵犯电话发明权的名义将强大无比的西联公司告上了法庭，从而开始了一场力量对比悬殊的战斗，从此，美国历史上最为旷日持久的专利纠纷案件开始上演了！

这场官司引起了美国各界的广泛关注。当时，美国联

电话专利之争一直困扰贝尔 20 年之久。面对强大的对手，贝尔和他的同事坚持抗争，终于胜诉。

贝尔的主要发明除电话外，还有助听器。另外，他还改造了爱迪生发明的留声机。

邦法院也感到问题的棘手，他们组成了规模庞大的陪审团来审理这起不同寻常的专利案件。哈伯德先生在精心准备着这场他一生中最为重要的诉讼，贝尔和他的助手们也开始不遗余力地寻找有利证据。

1879 年 11 月 10 日，在贝尔大量充分而合法的证据下，陪审团最终对这场错综复杂的官司做出了公正的判决，宣告贝尔公司胜诉。

虽然贝尔胜利了，但围绕在贝尔周围的诉讼并未就此结束，直到 1892 年才算告一段落。双方长时期的专利之争使其达成一项协议：西方联合电报公司完全承认贝尔的专利权，从此不再染指电话业，交换条件是 17 年之内分享贝尔电话公司收入的 20%。

连年不断的官司让贝尔吃尽了苦头，深深地影响了他的后半生。贝尔不得不加倍小心，他再也不敢随意丢弃任何与工作有关的材料，甚至一张便笺。

多领域研究和贡献

贝尔电话公司在哈伯德以及其他投资人的悉心经营下，经营规模在不断壮大，有许多与电话本身的设计无关，而牵涉到电话系统的组织问题。贝尔对公司的经营没有丝毫的兴趣，他觉得自发明电话以后，将它推广普及则纯属商业活动。

于是，1879 年，32 岁的贝尔退出贝尔电话公司董事会。他的助手托马斯·沃森也同时离去，他们发觉生命中还有许多方面可以有所作为。沃森去欧洲旅行，结了婚并定居下来。在当了一段日子的农夫后，他加入造船业并取得了巨大成功。而贝尔则搬入华盛顿的新居，思索着下一步该做些什么。

1880 年 9 月，法国政府为了表彰贝尔发明了电话，特意授予他"伏特奖"和法国荣誉勋位勋章。该奖项在拿破仑称帝时就已经设立，但在贝尔之前只颁发过一次。

从这年起，贝尔的工作主要包括 3 个方面：涉足多领域研究，主持赞助其他科学家搞科研以及组织科研成果的出版和宣传。他的电话事业蒸蒸日上，因此他有了足够的资金从事他自己喜欢的科研项目。

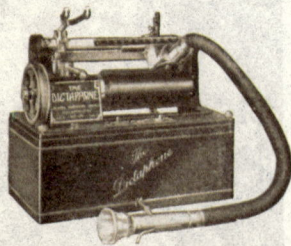

贝尔发明的录音电话机

1881 年，贝尔设计了一种电话探针。事实证明，这个装置在后来的战场上发挥了极为重要的作用，并且孕育出 X 光的概念。直到 X 光设备出现，它才渐渐退出了历史舞台。因为这项发明，德国的海德堡大学授予贝尔名誉医学博士学位。

就在这一年，贝尔拿出了"伏特奖"奖金的大部分，在华盛顿的新家附近建了一座实验室，取名为伏特实验室。伏特实验室解散之后，贝尔用他获得 20 万美元股金又兴建了另外一座研究所——伏特研究所。与伏特实验室研究方向不同，伏特研究所以耳聋研究闻名于世。

1890 年，贝尔开始在自己的庄园里进行绵羊繁殖实验。为了提高绵羊的双胞胎和多胞胎的数量，他亲自饲养了一群绵羊，进行了长达 20 年的实验，提高了绵羊的繁殖率。图为贝尔和他研究的绵羊。

事实上，继 1881 年建立伏特实验室之后，贝尔就开始了多领域研究。他的科研兴趣极为广泛，从绵羊杂交、航空探索，到水翼船的设计以及海水淡化的研究都有所涉及。真空夹克是他在华盛顿的发明之一；他还改良唱片，使收录的声音更加清晰；他提出了照相电话的想法，也就是我们今天的可视电话。19 世纪 90 年代末期，贝尔甚至在别墅的屋顶上建了一座天文台。

在伏特实验室解散之前的 1885 年，贝尔举家搬到了位于加拿大新斯科舍省的小镇巴德克。贝尔夫妇在这里修建了一座别墅，在以后的 40 年中，大量的设计都在这里诞生。

在贝尔后来的研究中，最有价值的是光电话。这种仪器以光束传播声音，但能传播的距离从未超出 183 米。运用激光和玻璃纤维进行传导是当今革命性的通讯方式，光电话被视为其先驱，但无论是激光还是玻璃纤维，都是贝尔当时不可能得到的。

"光电话"来源于希腊字"光"和"声"，光电话是利用一束日光在空中传送两个人之间的声音。1880 年，贝尔就已经研究并成功地发送与接收了光电话，次年，他发表了一篇题为《关于利用光线进行声音的产生与复制》的论文，报道了他的光电话装置。

当时，意大利科学家马可尼正在研究无线电信号，并将它的发射范围扩展到 10 千米，而光电话的传播距离只能以分米计。于是，无线电成为 20 世纪初占统治地位的通讯方式。贝尔始终坚信光

贝尔在光电话的实验上做了很多研究，虽然中止了，但是后来人们遵循着他的理念，使光传播信息成为了可能。

海伦·凯勒（1880—1968），19世纪美国盲聋女作家、教育家、慈善家、社会活动家。一岁多的时候，海伦·凯勒因患猩红热而失明、失聪。贝尔曾作为聋哑教育专家帮助过海伦·凯勒。图中坐着的为海伦·凯勒与贝尔。

电话的可行性，限于当时的条件，光电话实验中止了。

近代的两项进步使贝尔的梦想成为现实。1960年，一位科学家创建了激光装置，它可产生高度聚集的光束，不久以后，其他科学家又开发了一种新的光导纤维。光导纤维是一种玻璃丝，这种新型纤维能远距离传播光束。

虽然贝尔的一生涉及众多的领域，但是声名显赫的他并没放弃自己在年轻时孜孜以求的事业：关心那些特殊而可怜的人——聋哑人教育事业。

一生之中，贝尔对聋哑事业做出了卓有成效的研究，为聋儿教育事业无私奉献了50多万美元。1883年，贝尔在华盛顿开办贝尔聋哑学校，遗憾的是这所小学后因师资问题于1885年11月被迫关闭。然而，贝尔并没有放弃，在他的努力下，当时在美国社会掀起了一股为聋哑人办学的热潮。

贝尔一生都致力于帮助听力有缺陷的人，1890年，他参与组织美国聋人语音教育促进协会（即后来的贝尔聋人协会），并当选为第一任会长。这个协会至今仍然发展得很好。1918年，贝尔又在芝加哥市开办了亚历山大·格雷厄姆·贝尔学校。这是一所公立学校，聋哑儿童和听力正常的孩子都可以来这里上学。贝尔曾经帮助过不计其数的聋哑儿童，举世敬仰的作家和教育家海伦·凯勒就是其中之一。

【晚年岁月】

一生之中，贝尔对众多科学技术领域都有着广泛的兴趣，以贝尔的名义注册的专利有数百种之多。除了自己热衷的科学研究，他还致力于科学普及的工作。1882年，贝尔创办了《科学》杂志，并在随后的几年里一共投入了10万美元。1900年，美国科技进步协会将《科学》杂志确定为该会会刊，直到现在，《科学》杂志仍然被美国的科学界所器重。

1888年，贝尔的岳父哈伯德创办了国家地理协会，初衷是为推动传播地理知识，唤起民众的科学意识。贝尔给该会创办了会刊《国家地理》杂志，并雇用女婿吉尔伯·格罗夫纳担任该杂志的第一任主编。直到今天，美国国家地理协会仍然通过它属下的研究与开发委员会资助从事天文学、火山研究、人类学到海洋学等诸多领域的研究项目。

当时，电话已经在世界范围内普及。而美国因其对商业性和私人长途通讯的特殊需求，所以是世界上最热衷于发展电话的国家，已有1400万台电话投入使用，每12人便拥有一台。美国的电话拥有量超过全世界电话量的二分之一。

1917 年，70 岁的贝尔和女儿在布兰特福德家门前的合影。

1915年，第一条横跨北美大陆的电话线路铺设成功，两个老朋友——贝尔与沃森分别在线路的两端——纽约和旧金山参加了庆祝典礼。当时的贵宾包括美国总统伍德罗·威尔逊和加利福尼亚州州长。当晚，在电话线路正式向民众开放之前，美国无数的显要人物相互通话致意。典礼上最激动人心的一幕，就是由贝尔和沃森这两位电话的发明人进行这条线路第一次的公开通话。结果这两个当年合作伙伴之间的通话几乎成了39年前通话的翻版。当初，两人是在波士顿的同一座公寓里通话，这次却是贝尔在东海岸、沃森在西海岸。

就在这一年，贝尔已经丧失了部分听力，但这只是他健康状况恶化的一个表现。同年他又患上了糖尿病。可贝尔并没有因此而变得沮丧，他仍然很活跃，除了做实验，他还热衷于演讲和旅行。

1921—1922年的冬天，已经74岁的贝尔和梅布尔到美国南部的佛罗里达州以及加勒比海国家旅行，这是贝尔所做的最后一次长途旅行了。旅行归来，贝尔的精神越来越差了，直到后来卧床不起。

1922年8月2日凌晨两点，这位一生劳碌的发明家在加拿大的巴德克与世长辞。8月4日，举行了一个简单而庄重的葬礼。下午6时，随着贝尔遗体的下葬，整个美国的电话系统都停止工作1分钟，以示对发明者的悼念。直到今天，巴德克当地的博物馆里还陈列着很多贝尔的发明。

在贝尔的墓碑上没有不着边际的夸张赞颂，简陋的碑文仅刻了一句简单的话：这里长眠着一位美国公民。

大事年表

1847 年	3 月 3 日，亚历山大·格雷厄姆·贝尔在苏格兰的爱丁堡出生。
1863 年	在苏格兰北海岸埃尔金的西屋学院任教。
1865 年	祖父去世，全家移居伦敦。
1870 年	贝尔一家移居加拿大安大略省的布兰特福德。
1872 年	开始多路电报的实验。
1873 年	被聘为波士顿大学演说术教授。
1875 年	仪器发生故障导致了电话的发明。
1876 年	取得发明电话的专利权。
1876 年	发出世界上第一条电话信息。
1877 年	贝尔电话公司正式成立。与梅布尔举行婚礼。
1879 年	退出贝尔电话公司。
1880 年	被法国政府授予"伏特奖"和法国荣誉勋位勋章。
1882 年	创办《科学》杂志。
1890 年	参与组织美国聋人语音教育促进协会，并当选为第一任会长。
1915 年	第一条横跨北美大陆的电话线路铺设成功，贝尔与助手沃森参加了庆祝典礼。
1922 年	8 月 2 日，在加拿大的巴德克逝世，享年 75 岁。

爱迪生

Edison

    托马斯·阿尔瓦·爱迪生拥有值得荣耀的一生。在不知疲倦的、没有停歇的发明之旅中，他为人类掀起了无数次的科技革命：多重发报机、股票印表机、留声机、白炽灯、活动电影放映机、蓄电池等上千项的发明，为后人留下了难以估量的财富。

    今天，我们很难想象在失去光明的世界中生活，也不能允许生活仅仅停留在钢琴与八音盒的时代……那么，就让我们一起来感谢这位老人吧，让我们走进他的世界，来领略他那传奇、辉煌的人生！

爱迪生的父亲塞缪尔·爱迪生在俄亥俄州的米兰小镇上经营木材、屋瓦的制造和贩卖，收入颇丰。塞缪尔与妻子南茜·爱迪生过着幸福的生活。

家庭

欧洲殖民者从 17 世纪开始，陆续来到美洲新大陆定居。西班牙人定居在佛罗里达、法国人定居在路易斯安那、荷兰人居住在一个原叫新阿姆斯特丹的城市，今天人们叫它纽约。18 世纪 30 年代，爱迪生家族从遥远的荷兰阿姆斯特丹迁移到了美洲这块新兴的大陆，在新泽西安家。

美国独立战争期间，爱迪生的爷爷约翰·爱迪生站在了英国王室一边。英军战败后，他们一家便背井离乡，流离到了加拿大的新斯科舍，在这里以务农和经营旅馆业为生。老约翰的儿子塞缪尔与城里的一位小学教师南茜结婚不久，加拿大便爆发了一场反叛斗争。不愿重蹈覆辙的塞缪尔站在了叛军的一方，没想到命运再次愚弄了他们，英军告捷，他们被驱逐出加拿大。

1828 年，塞缪尔夫妇回到了美国，定居在中西部俄亥俄州的米兰小镇上，从此以经营木材业为生。

1847 年 2 月 11 日，塞缪尔夫妇最小的孩子，一个享誉世界的伟大发明家——托马斯·阿尔瓦·爱迪生出生了。

爱迪生自小便显露出了一个天才发明家所特有的好奇心理。1850 年夏季的一天，3 岁的爱迪生独自一人钻进邻居家的仓库内。焦急的父母直到天黑才找到了他，此时的爱迪生正趴在一堆厚厚的草垫上专心地暖孵着身下的一堆新鲜的鸡蛋。他正在尝试人能否孵出小鸡。

1854 年，爱迪生一家迁至密歇根州休伦北郊的格拉蒂奥特堡定居。不久，爱迪生患上了猩红热，导致他以后只能靠着微弱的听力来面对自己的人生。

8 岁时，爱迪生被送进了附近的一所小学。乏味的课程无法提起爱迪生的兴趣，巨大的好奇心以及微弱的听力很快便将他推入了困境。因为他常常会在课堂上提出各种常人难以想到的问题，结果令老师张口结舌，无以应答。老师便刻薄地称爱迪生是个低能儿。母亲忍受不了儿子受到的歧

爱迪生的父母一共生育了 7 个子女，爱迪生排行第 7。在他出生以前，他的 6 个哥哥和姐姐当中就有 3 个因为落后的医疗条件而夭折了。剩下的兄姐都非常疼爱这个身体屏弱的小弟弟。右图是年幼的爱迪生与姐姐的合影。

视，于是将爱迪生领回了家，决定自己教育孩子。就这样，短短三个月的学生生活结束了。

母亲的启发式教育使爱迪生对知识充满了无比的渴望。9岁时，爱迪生已经能够读懂一些即便是中学生也深感晦涩的书籍，其中令爱迪生最感兴趣的是帕克写的《自然与实验哲学》。这本厚厚的书籍为爱迪生展示了另一个新奇的世界。爱迪生几乎做完了书中讲述的所有实验。除此之外，席尔的《世界史》、休谟的《英国史》，甚至包括自然科学的巨人牛顿所著的《自然哲学的数学原理》，这些大部分书籍都成了少年爱迪生涉猎的对象。

1858年，纽约和几个城市（远至芝加哥）架起了大约800英里（1英里=1.6093千米）长的电报线。对一切事物都感觉好奇的爱迪生，通过电报对电产生了浓厚的兴趣，他决定探索这个神奇的领域。

为了获得购买实验设备和材料的钱，12岁的爱迪生在从休伦港驶往底特律的早班列车上当上了一位报童。爱迪生的勤奋、踏实和聪明，在当报童时就显露无疑。除了卖报外，他在这条铁路线上又同时发展了多种营业项目。从农夫手中收购鲜奶酪，再运到底特律去卖；到了水果成熟期，又用低价批发到大批水果，再卖给底特律的果商。

在火车上工作时，爱迪生已是一个中等身材的男孩子了。尽管他的收入足够维持他的日常生计，但爱迪生对于自己的穿着从不讲究。这种不修边幅的习惯跟随了他一生。

【转机】

就在爱迪生15岁时，他在铁道中央救了一个大约3岁的孩子。这给爱迪生换来了孩子父亲麦肯齐义务教自己学习电报原理的报酬。从此，爱迪生便踏上了科学的征途。由于爱迪生的勤奋加天赋，他的发报技术很快就超越了师傅。

一年之后，经师傅麦肯齐介绍，16岁的爱迪生得到了一份大干线铁路斯特拉福特枢纽站电报员的工作，由他负责所有夜间的来电工作。

19世纪60年代，电报员的生活没有保障，艰苦而又冒

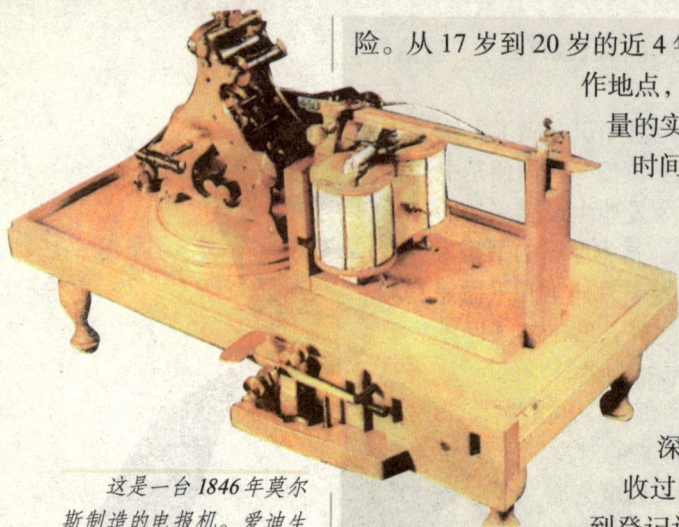

这是一台1846年莫尔斯制造的电报机。爱迪生对莫尔斯的发明非常感兴趣，日后他在此基础上发明了二重与四重发报机，实现了自己少年时的夙愿。

这幅画完成之时，爱迪生早已把自己多年的梦想之一化为了现实。他已成功地制成了四通路电报机。画面描绘了爱迪生少年时代的报务员们正在工作的场景。

险。从17岁到20岁的近4年间，爱迪生先后换了10个工作地点，一直过着动荡的生活。由于大量的实验与书籍充斥了他有限的工作时间，结果，爱迪生被赶了出来。

1868年3月，爱迪生来到了波士顿。他很快便找到了一份收报的工作。一次，他在旧书摊上发现了一本《法拉第电学实验研究》，爱迪生如获至宝。书中阐述的电磁学发展理论深深地启迪着爱迪生。爱迪生曾接收过国会例会的投票消息。他注意到登记议员们的口头表决程序非常繁琐，为了有效地利用时间，爱迪生和他的助手造出了一台投票记录机。每个议员只需按一下座位上的电钮，机器便自动进行表决计数。1868年，他第一次为自己的发明申请专利，但被驳回了。这让爱迪生明白了一个道理：任何发明都应基于人们的普遍需要之上。

这一年中剩下的时间，爱迪生都用在了一种名叫二重发报机的装置上。二重发报机的发明，成为电报发展史上的一件大事。按照爱迪生的设想，二重发报机将可以同时在一条线路上发送两份以上的电文。这样能够有效地节约时间，大大提高电报在行业竞争中的巨大作用。1869年初，太平洋电报公司表示对爱迪生的改良方案感兴趣，借给他800美元完善设备的最后部分。经历了无数次失败之后，一架崭新的二重发报机终于出现在眼前，当地报纸立即用重要的版面刊登了这则消息。

虽然这架机器在日后为爱迪生赢得了名誉与金钱，但是在初始阶段，却没有给爱迪生带来任何成功的喜悦。因为资金的短缺，他无法申报自己的专利。

1869年6月，爱迪生来到纽约寻求发展。

初到纽约的爱迪生在劳斯黄金情报公司设在华尔街的办公处找到了一份做电工的差事，劳斯发明了一种"金价指示器"，用机械原理控制价格的变化情况。随着黄金交易的日渐频繁，劳斯又创造出一种用电气方式记录价格浮动的更为有效的方法。爱迪生对这个机器产生了兴趣，他很快就掌握了劳斯系统的每一个细节。

机会终于来了。一天，公司突然发生了发送机停车事故，几十位客户焦急地质问着劳斯博士。爱迪生在劳斯窘迫不堪的时候，观察出了故障的原因，原来是一个连接的弹簧断脱了，导致了两个齿轮无法正常工作。于是爱迪生不声不响地动手修理起来。不到两个小时，他就使这架庞大的机器重新转动了起来。

劳斯意外地发现了身边这位具有丰富的实践经验、并且懂得科学原理的青年。他提出请爱迪生担任本公司的总工程师，负责管理一切机器，每月工资 300 美元。对于如此高的薪金，爱迪生几乎无法相信自己的耳朵。实际上从这件事之后，爱迪生的地位发生了戏剧性的变化。从此，他不用再为生活四处漂泊了。

1869 年，是爱迪生事业的转折年。他辞去了在情报公司的工作，和好朋友波普一同开办了自己的公司，取名为"电器工程师波普——爱迪生公司"。

这一年的冬天，这家新公司已经有两项发明获得了专利，一项是金价印刷机，另一项是美国印刷机。华尔街的另一家黄金与证券电报公司的经理利弗茨知道了这些消息。他以 1.5 万美元的代价购得了金价印刷机的发明专利。1870 年，该公司又支付给爱迪生一笔 4 万美元的巨款以购置他研究的股票印表机。

19 世纪 60 年代位于纽约的证券交易所里的场景。南北战争结束之后，美国国内的经济急需复苏。大量的黄金交易出现了前所未有的蓬勃态势。然而，当时种种变化频繁的交易信息还是由不断奔跑的通信员来传送的。1865 年，劳斯博士终于想到了用电气方式记录价格浮动的有效方法。通过电线与各个经纪人的办公室相连，这样输送的情报就会更快、更准。

爱迪生和好朋友波普一同开办了自己的公司，取名为"电器工程师波普——爱迪生公司"。位于新泽西州纽瓦克市的沃德街。

爱迪生与他的工作小组。这是一群头脑灵活、富于创造的人们，他们几乎可以制造出爱迪生幻想中的任何机器。

得到巨款的第三天，爱迪生便用这笔钱在新泽西州纽瓦克市的沃德街建立了一座自己的工厂。随着工厂的建立，爱迪生逐渐在美国东海岸的工商界中占有了自己的一席之地。在漫长的一生中，爱迪生曾反复强调自己赚钱的目的在于筹措资金进行更深入的实验，使自己的发明成果得以在市场上出售。

"门罗帝国"

18 71年4月，爱迪生的母亲与世长辞，他怀着悲痛的心情将母亲葬在了家乡湖畔的小山上。

就在这年圣诞节，爱迪生与16岁的新娘玛丽·斯蒂尔韦尔举行了简朴的婚礼。他们在尼亚加拉瀑布壮观的美景中，度过了短暂的新婚蜜月。由于玛丽的全力支持，他将全部的精力集中在工作上。这个时期，各种各样的新发明一经爱迪生的手就真正发挥出作用来。1872年他取得了38项专利，1873年又新增加了25项。婚姻生活为他们带来了幸福，3个孩子也相继出生了。

短短几年时间中，爱迪生先后发明了二通路、四通路电报机。它们的出现从成本上有效地缩减了电报线路上材料、检修以及借贷基金等方面的开支。这是继莫尔斯之后

1871年12月25日，爱迪生与玛丽·斯蒂尔韦尔举行婚礼。婚礼仪式进行中，爱迪生脑子里突然涌现出一个改制自动发报机的方案，于是他向新娘告假，并保证说，一会儿就回来。可是新娘和宾客们等了好久，也不见爱迪生返回，后来才发现他正在实验室专注地做实验。

电报学史上又一最为重要的贡献。

1874年深秋，他带着自己发明的产品来到西方公司的电报房进行实验，结果证明四通路电报机性能良好。它不但可以同时传送几种电文，而且还可以在纽约、波士顿和费城之间双向拍发电文。但在四通路电报机的研究过程中，他曾面临一个重要问题：如何使电流保持绝对平衡。不久之后，爱迪生发现，普通的可变电阻器不适用于他的设备，能否利用某些半导体在不同的压力下改变电阻值的原理设计出新型的电阻系统呢？于是爱迪生在一块钢板上安装了一个用绝缘材料制成的圆筒，圆筒中装上了50张胶料浸过的绸片，再用极细的石膏粉将圆筒填充起来。在绸片的上方，爱迪生装上了一块金属板，借用螺旋装置按不同的刻度改变对金属板的压力。无数次的实验结果表明：当压力最小时，阻抗为6000欧姆，如果用力将金属板旋至底部，阻抗竟能降至400欧姆。爱迪生终于找到了平衡电流的方法，这个发现在以后电话的发明中也起了很大的作用。此后的实验一切顺利。

正当胜利就在眼前时，这项专利权却在归属问题上遇到了麻烦。因为爱迪生为偿还债务曾为大西洋、太平洋这两家电信公司先后效力，所以两家公司都认为自己已经购买了新系统所涉及设备的专利权。爱迪生因此被卷入了一场法律诉讼之中。

19世纪可以说是一个传奇的世纪，新的发明层出不穷。当电报系统开始以电码形式传送信息时，发明家们便大动脑筋，设想能否将人的声音转换成相对应的电信号，再用电线传送出去。

1877年4月，爱迪生申报了这种碳阻电话送话器的基础专利。他利用一个可变性碳阻装置彻底推进了它的传声性能。

电话的发明人，究竟是贝尔还是爱迪生？这个问题被反复提出来讨论，双方也在法院争论了11年之久。最后法院判定贝尔是发明人，而真正使它实用的则是爱迪生。应该说，真正的电话是贝尔发明的，而爱迪生做的工作主要是在它的基础上进行改良，使之更加实用。

早在1876年，爱迪生就迁到了新泽西州的门罗公园。在这里，他建立了自己的"帝国"。他的到来不仅为门罗带来了生机与活力，也使这个默默无闻的小地方在短短几年

爱迪生的妻子玛丽。她温柔、贤惠，给了爱迪生无微不至的照顾，爱迪生的发明事业如此卓著，离不开玛丽对他全身心的帮助。

1876 年之前，门罗公园还是个不为人知的地方。爱迪生看中的正是这里清新的空气与幽静的环境，他在这里巩固了自己的发明创造事业。实验室的建筑由他本人亲自设计。楼下有办公室、工作室和书房，楼上是实验室及工人的车间。宽广的庭院中有一大片整齐的草坪，还有风车与马棚。

爱迪生在门罗公园创建了"门罗研究所"。他为该实验室带来了价值 4 万美元的设备，并扩建了图书馆。这是门罗公园的地图。

之内变得声名远扬。一个创造性的年代开始了。

"门罗帝国"充分网罗了各个学科的精英，爱迪生将他们组织起来顽强地追求着自己的目标，这是爱迪生最出色的一点。他所迈出的这一步，不但在他一生的事业中具有不可估量的意义，而且在全美国历史上也是一个创举。它标志着"集体研究的开端"。

在这个特殊年代中，爱迪生凭着超人的研究精神、恒心和努力，成功地完成了电话、电灯、留声机、电影、发电设施、打字机、电车、X 光机等 1000 多种发明或改造工作。爱迪生备受社会敬爱，他成了社会的宠儿。

1877 年，爱迪生发明了留声机。

早在爱迪生当电报员时，曾在上蜡的纸带上用莫尔斯电码记录消息。用高速发送时，细心的爱迪生发现，凸凹纸迅速地擦过撑在它上面的弹簧发出了优美的声音。他叫助手克罗西按照自己的设想做出了一台有着带纹道的圆桶、两只振动膜和大头针的装置来，让声音使振动膜发生震动。当振动膜随着声音一出一进移动时，振动膜下的针也在同时对它下面移动的锡纸产生时重时轻的压力，锡纸上出现了深浅不一的凹槽。要想使这些凹槽以声音的方式重现，只需通过附在振动膜上的针将它再送到振动膜上就可以了。

第二天，大家聚集在实验室，爱迪生将一片薄薄的锡箔卷在滚筒上，把振动膜的针调好位置，对准缠在螺线起点的锡箔。他摇起机器，开始向振动膜背诵一首抒情诗："玛丽有只小羊羔，它的毛发白如雪……"

而后，他从记录机的振动膜上将针退回，把另一振动膜的针头对准锡箔。当他再次摇动手柄时，奇迹出现了，机器里传出爱迪生微弱的声音："玛丽有只小羊羔……"人们惊呆了。

后来，爱迪生又做了很多改进：新式留声机采用了浮

年轻的发明家似乎拥有着无穷无尽的灵感，但这并不是构筑成功的唯一原因。罗伯特·科诺在《命运的光带》中这样写道："在别人失败或根本没有尝试过的地方，爱迪生成功了，因为他的本性就是敢闯……他是个永恒的乐观主义者，不会让自己或别人去考虑失败的可能性。"

　　1877 年 12 月 24 日，爱迪生正式向华盛顿提出留声机的专利申请，1878 年 2 月 19 日获得批准。爱迪生的老朋友——《科学美国人》的主编比奇先生用生动活泼的笔调向人们宣布，这项伟大的发明将为今后的科学研究事业开辟更为广阔的领域。

动唱针，由电机驱动，用蜡作为录音材料。它的录音转筒用的不再是浸蜡硬纸板而是实心蜡烛。当一层蜡磨损后，只要将表面刮去就可继续录音了。

发明电灯

　　留声机的问世使艺术家们的演出重现已不再是神话。在爱迪生发明留声机以前，人们只能从文字的记载中看到对某些极负盛名的艺术家演出的记录。

真正将电力照明作为目标攻克的时间是在 19 世纪 30 年代以后。1831 年，英国科学家法拉第成功地造出了第一台发电机，从而在根本上解决了电源不足的问题。19 世纪初，英国化学家戴维用一组电池和两根碳棍，制成了人类历史上第一盏弧光灯。但是戴维博士的弧光灯缺乏足够的电源，它只能发出极短时间的光芒。在这之后，人们对电力照明这一课题的研究做了大量的工作。在弧光灯方面，俄国工程师约布罗契柯夫、美国人华莱士都有着骄人的成绩。

　　在爱迪生着手电灯研究之前，约布罗契柯夫发明的"电烛"问世了。利用绝缘的熟石膏将两个碳极隔开，当"电烛"照亮时，绝缘层就与碳棒同速燃烧发出白炽光。从本质上讲，这种"电烛"也是电弧灯的一种，只是更加省电一些。

　　1876 年，巴黎歌剧院门前的大道以及伦敦泰晤士河岸的照明都由"电烛"完成。但它最长也仅能维持 2 小时的亮度。但是爱迪生却相信，人们要使用的灯决不仅仅停留在这样的阶段。因为电弧灯光线太亮，既刺眼，成本又高，还会发出气味、产生烟雾，不适合一般照明，它离人们的实际要求还相去甚远。

　　1878 年，门罗公园成为爱迪生研究电灯的"战场"。爱迪生是总指挥，协助他的是七位经验丰富的助手。在西联公司总律师格罗斯维诺·P·洛雷的资助下，爱迪生成立一家电灯股份公司。

公司成立之后，他们首先要寻找适于制作灯丝的材料。在试验过的金属中，铂（也称白金）似乎是最理想的一种。因为这种材料符合电阻高、散热慢的要求。10月5日，爱迪生提出了一份关于铂丝"电灯"的专利申请。这种灯泡的灯丝，是用铂丝绕成的双螺旋，它们之间再加一支金属棒。当灯丝热度接近铂丝的熔点时，金属棒便膨胀造成短路，灯泡温度降低，铂丝冷却的同时金属棒也冷却下来，于是电流再次通过。然而铂的价格昂贵，不利于普及。不久，爱迪生就放弃了铂丝的使用，转而采用铂箔。然而，灯丝总是很快地被烧坏，只能维持短短几分钟而已。后来，在不断地实验中，爱迪生发现灯丝过快地被烧坏，是由于灯泡中还留有过多的氧气所造成的。

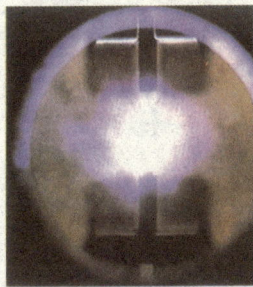

英国化学家戴维发明的第一盏弧光灯。

1879年10月，在爱迪生和助手们成功地把炭精灯丝装进灯泡中之后，他将灯泡里的空气抽到只剩下一个大气压的1%后封上了口。这时，当电流接通后，灯丝在真空状态下发出了金色的亮光！这正是他们日夜盼望的情景。连续45小时后，灯丝才被烧断。这一天被历史永久地记载了下来。

不久，爱迪生为他的碳丝电灯申请了专利。以后的几个星期，工作小组全力投入到制造灯泡的工作中。他们将制作出的一些灯泡挂在实验室和爱迪生的家中，还有些悬于街道的上空。

1880年，门罗公园以这神奇的"未来之光"实验迎接新的一年，这种神奇的发光体照亮了整个门罗。宾夕法尼亚铁路公司载了3000多人来到门罗。当火车在这个漆黑的冬夜到达时，爱迪生开动机器，40盏白炽灯全部点亮，就好像朵朵金花，脚下的雪地被照得通明。

提高灯泡的耐久率，是爱迪生改进白炽灯的重要一环。爱迪生向人们宣布，在灯泡的寿命没有达到600小时以前，还不能算是成功。其后，他发现竹子纤维在碳化后做灯丝，寿命可长达1200小时。几年以后，他又发明了一种化学纤维替代竹丝。再往后，试验重新转向耐热的金属方面，最后才改用钨做灯

必须敢干，才有进展。我们的电灯系统并不是空想，也不是莽撞。
——爱迪生

1879年，爱迪生用新型抽气泵制造出一种既经济又耐用的碳丝灯泡。它的出现，很快就照亮了整个欧美大陆。从此"电"这个字眼便与摩登两字紧密相连。

爱迪生与助手们在实验室中，照片摄于1889年。

丝。爱迪生终于获得了最终的胜利。

到1882年，爱迪生已在纽约建成了一个当时世界上最大规模的电力系统，它的直流发电机功率达到600多千瓦，为几千个用户提供照明用电。此后，白炽灯的使用范围空前扩大，逐渐遍及全世界。

爱迪生电灯的发明，开辟了科学史上的新纪元，把人类从此带进了一个崭新的电光世界。

从直流电到交流电

白炽灯的出现使爱迪生取得了成功，也为他惹来了不少的麻烦。在这之后的7年中，爱迪生又陷入了数不清的专利诉讼之中。从1885年一直到1892年，爱迪生集团总算可以无拘无束地惩罚那些侵犯他专利的人了。

爱迪生又可以完全投入到电灯的改进工作中了。他发现由于碳丝在白炽状况下不断损坏，造成了灯泡的损坏。出于好奇，他在灯泡中封入了一根铜丝，这也许可以抑制灯丝的挥发。结果并没有达到他的目的，但却发现了一个特别的现象。在灯泡亮的时候，也就是处于受热阶段时，如果给铜丝加上正电压，虽然铜丝与碳丝并不相连，而且是在真空的条件下，但灯丝与铜丝之间依然有电流通过。如果碳丝没有受热，或者给铜丝加上负电压，则不会出现这种现象。

遗憾的是爱迪生没有继续研究下去，只是将这一事实记在日记本里，又在论文中加以描述，最后于1883年写成专利书呈报上去，这就是后来被称之为的"爱迪生效应"现象。在致力于电灯事业的扩展中，爱迪生忽略了后来被认为是19世纪末期的一项最重要的科学发现，这种现象直到20年后才得以解释。

1884年8月，爱迪生的妻子玛丽因病去世，这对爱迪生产生了极大的影响。两年之后，爱迪生遇到了米娜·米勒，于是便在1886年2月结婚了。婚后，爱迪

灯泡的使用使大千世界变得更光彩夺目，绚丽多姿。

爱迪生在实验室中手执显示"爱迪生效应"的灯泡，照片摄于1883年。

生买下了新泽西州西奥兰治郊区的一所漂亮的房子，举家迁居这里。几年后，他们的两个儿子、一个女儿相继出生。爱迪生又一次得到了家庭幸福。

19世纪80年代中期以前，爱迪生的地位一直是高高在上、无人企及的。他的发电厂利用直流发电机将电力传输给用户。但是到了80年代后期，这种稳固的地位开始受到来自交流电的冲击。

当时，爱迪生的独立电厂一般都是建立在人口稠密的中心地区，电厂输送的电力距离不能超过1英里，无法解决人口稀疏的偏远地区人们的用电问题。此外，直流输送的电力必须把电压局限在250伏以内，如果超出这一标准便会烧毁灯丝，危及用户安全。于是，一些有识之士开始构想一种新的传输方式。

爱迪生研究所里有一位叫尼古拉·特斯拉的克罗地亚人，对于直流电的上述问题，他推想，如果不断地使原线圈通断，使之不稳定地流动，副线圈中不就可以不断地感应出电流吗？由于电流的瞬间通断，人们不会觉察出电灯的明灭闪烁。这种大小和方向不断变化的电流，就是交流电。特斯拉发现了这种装置可以提高或者降低电压，副线圈中的匝数越多则感应出的电压就越高，原副线圈的匝数比就是它们的电压比，这就是变压器的基本原理。特斯拉是一位注重理论的物理学家，他始终坚信交流电会成为历史的趋势。抱着坚定的信念，特斯拉先后几次同爱迪生讨论过发电机革新的几种潜在方案。假如这时的爱迪生能够

爱迪生与妻子米娜在一起。

少一些偏执多几分考虑的话，那么历史恐怕就要改写了。

后来，因为在工作上和爱迪生产生了摩擦，特斯拉离开了研究所。

特斯拉在离开爱迪生后不到一年的时间，便将交流电引向了实际的应用当中。1888 年，特斯拉建成了交流电传送系统，前景辉煌。而对爱迪生而言，这却是严重危机的开始。

这时，爱迪生开始利用人们对电力的畏惧心理，在各种新闻周刊上发表文章，讲述交流电的危害，以此来阻挠人们使用交流电。此外，他还在《电灯之危险》《当心》这类小册子中详细罗列了交流电可能导致的种种危险。然而，交流电最终还是赢得了用户市场。

实践结果证明，交流电更加适用于人类的生活。从此，无论城市、农村，都可以得到电力的供应了。从这时起，一个崭新的电气化时代正在悄然开始。

1888 年，爱迪生将许多商业性公司合并成立了统一的爱迪生通用电气公司。随着公司的建立，爱迪生拥有了更多的时间与金钱，这些更加促进他的发明与实验。特别是在"有声电影"方面，他做出了巨大的探索与贡献。

爱迪生与第二任妻子米娜婚后，便迁往位于西奥兰治郊区的新居。这里既舒适又雅静。整套建筑为安妮女王时代的英式风格。

电影史上的贡献

19世纪 80 年代，现代的摄影机和摄影技术已经初具规模了。1882 年，法国摄影家埃迪安尼·朱尔斯·马雷博士设计了一种电影"摄影枪"。这架外形类似枪的装置，用 1/100 秒的曝光速度以每秒 12 张的频率拍摄。1888 年，马雷又发明了"固定底片连续摄影机"。他用绕在轴上的感光纸带通过镜头的聚焦处时，两个抓勾机构固定住感光纸带使其曝光。这种摄影机以后采用了最新的柯达胶卷而成为"活动底片摄影机"。

1889 年，爱迪生前往巴黎参加世界博览会，轰动了整个法国，受到了最高规格的礼遇。在这里，爱迪生会见了马雷，增强他对电影的兴趣。他在马雷的实验室中第一次看到了一种连续显示相片的装置。爱迪生立刻意识到了这

尼古拉·特斯拉

尼古拉·特斯拉曾经是爱迪生的助手。他与爱迪生分道扬镳后，从事交流电与远距离传输的研究。他不仅对于交流电源的推广有极大的贡献，他还是磁感应强度的发现者。计算磁感应强度的单位名称为特，指的正是特斯拉。

种装置的重要性。欧洲归来之后，他便集中精力试验他看到的条形底片。

1891年5月20日，爱迪生为自己的新发明起了一个名称，叫做"活动物体的连续照片放映机"。爱迪生关键性的一项发明便是，使用伊斯特曼发明的条幅式"软片"，循其长度拍摄了一系列的相片。然后通过链轮卡在底片两边的孔眼上，使底片以仔细调整好的速度在闪光灯前面经过，当一格画面运行到窗口时，正好电灯闪亮又立即熄灭，如此不断重复，每秒钟可以造成46个影像，每分钟便有2760个，这样放映出的画面就好像连续运动似的。

1893年，爱迪生实验室的庭院中建起了世界上第一座"摄影棚"。这是座长方形的建筑，中间部分特别高，顶部有一个很大的窗。整个摄影棚可以放在围成半圆形的铁轨上移动，以保证拍摄区域内有自然光线照射。由于这座摄影棚是由木头和黑色防水纸搭造，所以人们将其称为"黑玛利亚"。

电影的发明人虽不只爱迪生一人，但他却真实地使电影走出了实验室。爱迪生为电影的兴起和发展奠定了重要的基础，他留给电影界的至今仍有价值的遗产是35毫米的标准规格和用以改进每幅影片画面的4个链轮齿孔的定位法。

蓄电池的发明

19世纪90年代初期，爱迪生着手一项从未接触过的庞大事业——低品矿精选工作。利用自己制造的一种特别灵敏的磁针，爱迪生和助手们在新泽西州北部的塞塞克斯郡发现了一座很有开发前途的铁矿山。轰轰烈烈经营了八年，最终以倒闭而告终，使爱迪生负债累累。

然而，爱迪生并没有一蹶不振，很快他又进入了水泥制造业。天才的头脑使他不到三年便还清了当年开采铁矿所负的债务。他的兴趣特别广泛，还涉及到荧光学、蓄电池、铁路信号装置和汽车方面。

交流电因它的可变化电压等多项优点一直吸引着很多献身科学的人们。从19世纪80年代起，交流电机的研究和制造得到了快速发展。图为手摇永磁式交流发报机。

"黑玛利亚"是世界上第一座摄影棚。不过，它看来的确很像一辆旧式的警局巡逻车。"黑玛利亚"最初所拍摄的活动照片动作单纯，内容平常，但依然能引起人们极大的兴趣。

最早的蓄电池由法国人勃兰特发明，但是性能不好，也没有什么实用性。1880 年，另一位法国人福勒苦心研制出了新型蓄电池，比起勃兰特的可以说是优秀了许多，但它仍然存在着不少缺陷，既笨重，蓄电量又少。仅电池方面的研究就花费了他整整 10 年的时间。爱迪生的课题就是如何使它体积小、重量轻、成本低、电力强。想象到现实之间总存在着一条漫长而又艰辛的道路。花费了大约 300 多万美元，失败了数万次之后，成功终于像位姗姗来迟的贵客似的降临了。

1909 年，爱迪生终于制成了一种非常理想的电池。这是用薄镍片制成的蓄电池，它充一次电可使汽车行驶 100 英里，比普通的铅蓄电池功能提高了 1 倍。而且这种电池不会因为过量充电或连续放置不用而损坏，寿命相当于铅蓄电池的数倍。

爱迪生研究的蓄电池被应用于广阔的领域中，不仅用于无线电广播收音，还被用于火车、轮船。它成功地解决了那些远离发电厂地区的电力问题。

英雄暮年

19 29 年，一座规模巨大的爱迪生历史博物馆在"汽车大王"亨利·福特的精心策划下拔地而起。福特亲自为老朋友将原本位于门罗公园的建筑物，重新建在了密歇根州的迪尔本。那长方形的实验室、低矮的厂房、明亮的办

爱迪生发明的第一台电影放映机，胶片卷在圆筒上，从目镜观看。

　　跟随着爱迪生的脚步，整个世界也逐渐进入了一个机械、技术与电子并存的全新时代。爱迪生既是一位可以埋头于实验室的伟大发明家，又是一位懂得怎样将发明与社会紧密相连的现代派商人。

公室、烧碳棚、马房、树木甚至略带红色的黏土全都搬了过去。这里的每样东西，都布置得同当年一模一样，就好像主人刚刚放下手中的活儿，匆忙外出。

看着眼前白色的篱笆、脚下可爱的土地，爱迪生简直无法抑制自己激动的心情。老人眼中噙满了泪水。周围很安静，只有爱迪生自己不时地四下环望，他抚摸着房间中的每一样东西。在二楼的实验室中，爱迪生坐在了一把旧椅子上，他没有说话，双手交叉，有着一份难以描述的孤独。也许，这位 82 岁的老人正在独自享受着过去美好的回忆。的确，在这个世界上，恐怕没有谁能与他分享此时此地的心境、思想和感情了。

不知过了多久，爱迪生才打破了沉寂良久的安静。他诙谐地说道："整体建筑只准确到了十分之九。"福特不解地询问何处不对，爱迪生说："我们当时的地板从来没有这样干净过。"

1915 年到 1918 年间，爱迪生先后完成的发明有 39 件。其中最著名的是鱼雷机械装置、喷火器和水底潜望镜等。有人统计：爱迪生一生的发明多达 2000 多项。从他 16 岁的第一项发明——投票计数器算起，平均每十二天半就有一项新发明。如此惊人的成就，实属世界罕见。

晚年的爱迪生生活在财富与荣誉的光环中。1929 年 10 月 21 日，爱迪生 82 岁高龄之际，美国邮电部为纪念电灯诞生 50 周年，特地发行了印有最初电灯图案的纪念邮票，上面写着"爱迪生的第一盏灯"。总统胡佛主持召开了电灯发明 50 周年庆祝会。从世界各地发来了无数的贺电。前来参加宴会的宾客达 500 多位，他们大都是来自《世界名人辞典》中的人物：镭的发明者居里夫人、飞机的发明者莱特兄弟、影片工业巨头海斯、电机工程师亚历山大·孙、钢

爱迪生历史博物馆

该馆坐落在密歇根州迪尔本，由爱迪生的好友"汽车大王"亨利·福特主持建造。1929 年 10 月 21 日，在爱迪生发明电灯 50 周年及白炽电灯发明 15 周年的纪念日上揭幕。

晚年的爱迪生偶尔会
与好友福特在一起。

铁制造家许瓦勃、通用电气公司经理斯窝普、美国总工会主席格林……此外，还有不少人从世界各地发来了贺电。阿尔伯特·爱因斯坦也通过电话表达了自己的良好祝愿。庆贺会的中心亚特兰大灯火通明。

在总统胡佛及各国代表的简短祝词之后，爱迪生站在了讲台上。但是他仅讲了几句话，就倒在了椅子上。他被人搀扶到休息室中，总统的医生为爱迪生注射了强心剂。这以后，爱迪生的身体每况愈下，由于长期的劳累，布莱特症、尿毒症和糖尿病等多种疾病折磨着他。

1931年的10月份，他的病情已到了无法控制的地步。每天都有从各地赶来的人看望他，他们在心中为这位改变人类生活的老人默默地祈祷。1931年10月18日，星期日的凌晨3点24分，爱迪生走完了自己84年的人生旅程。3天后的一个傍晚，这位发明大王的遗体被安葬在靠近西奥兰治的一棵大橡树下。

当天，美国以一种特别的方式向这位拥有着辉煌经历的伟人告别：人们关掉了所有的灯及电器设备，持续了一分钟，整个美国一片黑暗；接着，从东海岸到西海岸，从城市到乡村，灯火通明，亮如白昼，世界又是一片光明。

在电灯发明50周年庆祝会上，爱迪生兴致勃勃地演示他发明的电灯。

　　这幅象征性的肖像画出自一位美国画家之手。他巧妙地利用灯泡、留声机等各种创造性发明替代了爱迪生的脸部、耳朵及身体。有趣的画面不仅说明了这位将人类带入 20 世纪的伟大发明家的思想与创造力，同时也讲述着他那永不疲倦奋斗的一生。

1847 年	2 月 11 日,生于美国俄亥俄州米兰镇。
1854 年	全家迁居密歇根州。
1855 年	入学 3 个月后被老师勒令退学。
1859 年	在火车上当报童。
1864—1867 年	担任电报员。
1868 年	第一项发明投票计录机诞生。
1869 年	到纽约寻求发展。与友人合办"电器工程师波普——爱迪生公司"。
1870 年	开办自己的制造厂。
1871 年	母亲去世。与玛丽结婚。
1877 年	发明留声机。
1878 年	提出一份关于铂丝"电灯"的专利申请。
1879 年	发明了连续点燃 45 个小时的白炽灯。
1883 年	发现"爱迪生效应"。
1884 年	妻子玛丽去世。
1886 年	与米娜·米勒结婚。
1891 年	发明"活动物体的连续照片放映机"。
1909 年	蓄电池研究获得成功。
1931 年	10 月 18 日,爱迪生与世长辞,享年 84 岁。

莱特兄弟

Wright brothers

　　19 世纪末，在美国，莱特兄弟怀着对蔚蓝色天空的向往踏上了研制飞机的漫漫征途……无数次的失败和危险的试飞即将打破天空的宁静。

　　莱特兄弟开创了一个航空航天的新时代。从此，星球之间的神秘逐渐被人们所认识，地域之间的距离也不再遥远。飞机救灾、运输……诸多用途成功地改变了人类的生活，而这一切都应归功于伟大的莱特兄弟。他们的探索精神鼓舞我们在新世纪的今天继往开来！

米尔顿·莱特牧师，一位开明的父亲。1878年，他为儿子们挑选的纸蝙蝠玩具诱发了莱特兄弟研究"飞行"的好奇心。

莱特兄弟的母亲苏珊·卡特琳娜·凯尔纳是一位心灵手巧的家庭主妇，对于儿子们的爱好她给予了很大的支持。

迷恋器械

威尔伯·莱特生于1867年4月16日，四年后的1871年8月19日他的弟弟奥维尔·莱特出生了。他们的家位于美国的代顿市，这个美丽小城的历史与莱特家族有着密切的关系。当年，莱特兄弟曾祖母的双亲住进这里时，这里还是一片原始森林。这对白人夫妇辛勤地开垦着这里的荒地并发展了莱特家族，这片日渐繁荣的地方后来就成为了代顿市。威尔伯和奥维尔身上那种共有的对于未知事物的激情与冲动，以及他们创造性的思想和机械制造的才能，也源自他们先辈的优良传统。

莱特兄弟的父亲米尔顿·莱特是一位虔诚的牧师，兄弟俩的名字都源于父亲所崇拜的神职人员。母亲苏珊·卡特琳娜·凯尔纳是一位能干的家庭主妇。他们家一共有5个孩子，威尔伯·莱特排行第三，奥维尔·莱特则排行第四。

很小的时候，莱特兄弟就对机械产生了浓厚的兴趣。威尔伯常将街道上的破铜烂铁搬回家"研究"，奥维尔也跑前跑后地帮忙，家里的院子常常被他们搬来的"宝贝"弄得无处下脚。

1876年，9岁的威尔伯利用他在"研究"中得来的技术帮助邻居修好了缝纫机。而5岁的奥维尔却在每天去幼儿园的路上和伙伴们一起去一家机械修理铺玩耍。

这兄弟俩，对机械制造有着天生的热情和浓厚的兴趣，正是这一兴趣，使莱特兄弟的事业走向辉煌。

1878年6月的一天，父亲传教回来，为他的两个爱好机械的儿子买了一件会

莱特兄弟的诞生地——代顿市霍桑大街，莱特一家的住所。

飞的纸制品，对威尔伯和奥维尔产生了巨大的影响，引发了兄弟俩对"飞行"的痴迷。

在上学期间，威尔伯和奥维尔学习成绩都很优异，威尔伯似乎要更好一些，他除了学习学校所教的课程外，还自愿多修了希腊语和数学两门课，比起奥维尔，他学习相当刻苦而且遵守学校纪律。

奥维尔则与哥哥相反，他把多余的精力用在了"闯祸"上。虽然他在小学时因为学习好而跳过级，但教过他的邦德小姐仍然坚持认为他是一个调皮的、专门跟老师作对的孩子，奥维尔因此曾被她开除。

他们的父亲莱特牧师非常热衷于出版教会报纸，在学习之余，兄弟俩也开始帮助父亲采写、编排报纸，他们甚至还发明了一种用来折叠报纸的机器，凭此来赚取一些零用钱。

中学毕业以后，莱特兄弟放弃了读大学的机会，创办了一份名为《西城新闻》的新闻周报。他们因此对印刷产生了极大的爱好，后来，这种爱好发展成了事业。奥维尔和好友辛斯共同成立了一家"莱特－辛斯印刷公司"，他们零星地为街坊们印制一些他们需要的印刷品。

1888年，17岁的奥维尔由于印刷业务的增加，他想到要制造一台更大效率的印刷机。在威尔伯的帮助下，他们

幼年的威尔伯·莱特

幼年的奥维尔·莱特

莱特兄弟创办的《西城新闻》的一个版面。这份报纸在1890年3月创办，一年后因改版而停办。

在体育运动中，参加冰球比赛的运动员虽然都保护得很严实，但仍是比较危险的。这项活动使威尔伯因祸得福，他有时间读更多的书，并且积累了丰富的科学知识。

完全违背了当时的机械制造原理，用家里的一部老式手推车和其他一些边角废料制造出了一台机器。

机械装置被改进了，工作效率提高了，印刷厂名声也越来越大了。这台"家制的独特的印刷机"引来了当时一家大报印刷厂的厂长，这位衣着考究的专业印刷师趴在这台巨大的机器下方观察了它的工作状况，说："它工作正常，可我始终不明白它是怎样工作的。"

1889年，莱特兄弟的母亲因肺结核去世，两个哥哥也相继大学毕业，并各自成家立业了，家里一下子冷清了下来。

恰好这时，威尔伯在一次冰球运动事故中被球杆击中面部，在家里养病。这段时间，他和弟弟奥维尔阅读了大量的书籍，从《华盛顿·欧文文集》到《英国史》、《大英百科全书》。在所有书籍中，他们尤其偏爱科普类的文章，这使他们积累了丰富的科学知识。

继承翱翔蓝天之梦

19世纪末，美国"自行车热"风靡一时，人人都以能拥有一辆自行车为骄傲。莱特兄弟敏锐地发现了这个商机，于是，在1892年，他俩改行做起了自行车生意——出售某名牌产品并兼营自行车修配。生意比想象的还要好，莱特兄弟一次又一次地扩展着店面，扩展着生意。

莱特的自行车商店，莱特兄弟的谋生地，在这里所赚到的钱大部分用在了研制飞机上。

莱特兄弟凭借娴熟的技艺装配了各种型号的自行车。因为当时的自行车，并不是某家工厂单独的产品。车架、轴承、轮胎、坐垫都是由不同的工厂制作，然后由自行车装配店装配而成，并冠以"某某号"的名称出售。

1895年，奥维尔制造出了一台可以进行加法和乘法计算的新式计算机，他还造了一台比当时所有的打字机都简单得多的新式

打字机。

1896年，身在德国的滑翔飞行家奥托·李林塔尔在进行一次新的滑翔实验，这方面的消息吸引了威尔伯，他对此产生了极大的兴趣。他看了好多这方面的资料，从而知道了许多有关人类飞行的信息。

在很久以前，人类就有了像鸟儿一样翱翔蓝天的美好梦想。风筝发明于中国，是人类最早的飞行器。但要说第一个对飞行进行科学研究的人，应该是意大利画家达·芬奇。在他留下的大量笔记中，大约有150幅有关航空器的草图。许多图符合空气动力学原理，这反映出达·芬奇认识到了空气密度和重心位置对飞行器的影响作用。但是，这个研究成果被埋没了3个世纪，直到19世纪后期才被发现，对航空的发展未能起到应有的作用，但他为航空发展提出的许多主张仍是一笔巨大的财富。

1804年，英国的乔治·凯莱爵士根据普通的纸风筝设计制造并发射了一架真正的无人驾驶的滑翔机。

到了19世纪60年代，德国人奥托·李林塔尔加入了研究飞行之谜的行列。李林塔尔在飞行方面最主要的贡献之一是发现了翼形——鸟的翅膀的形状。鸟类的翅膀展开时，它的截面不是平的，相反它是弧形，成小幅度的隆起

在远古，人类就想象有一天能在天空中飞起来。上图是一个很好的证明：一座古代欧洲的飞人石雕。

大约在 1894 年，德国人奥托·李林塔尔在柏林市的"飞行山"上进行滑翔试飞。

的曲线。因为他这一天才的设计，李林塔尔后来被人们誉为"滑翔机之父"。

1896 年 8 月，李林塔尔在飞行的过程中从 15 米的高空摔下，献出了他宝贵的生命。"总要有人做出牺牲"，李林塔尔最后留下了这样一句话。

德国航空先驱者李林塔尔的死，深深地触动了远在美国的莱特兄弟，命运把飞行的伟大使命交给了莱特兄弟。人类的理想、伟大的历史革命、科学的精神从此深植于莱特兄弟的思想意识中。他们知道，自己的整个生命将奉献给这项艰巨的任务。

莱特兄弟利用他们所有的空闲时间开始了对飞行的研究，他们查阅了代顿市公共图书馆的所有相关资料。在 1899 年 6 月，莱特兄弟写信向华盛顿研究飞行的史密森学会求助。史密森学会向莱特兄弟提供了一张详细的书单，包括他们自己每年编写的一些小册子和文章摘录以及奥克塔夫·夏努特的《飞行器的进步》、兰利教授的《空气动力学试验》等。

为了纪念航空界先驱李林塔尔，后人在柏林建立了李林塔尔纪念碑。

滑翔机试飞成功

莱特兄弟从所有的相关资料中发现，虽然最近的 10 年是航空活动特别活跃的 10 年，但人们仍然未能找到解决关于飞行的最好方法，并且，最大的问题是飞机的平衡问题，造成李林塔尔的死就是由于飞行器失衡的原因。

莱特兄弟想到了在飞行中改变机翼的形状。假设飞机向左倾斜，它的左翼就比右翼低，但是，如果左翼的形状能够变化，即左翼与空气的角度变大时，左翼就会因为升力的缘故而被拉高，飞机就会保持平衡。

这个道理在今天看来是最浅显不过的了，可是，那时在奥维尔提出这一基本原则之前还从来没有人做过与此相关的任何工作。

很偶然的一天，威尔伯和往常一样在他的自行车商店里把一个新内胎卖给一个客人，他从一个窄窄的纸板盒里把内胎取出来，然后，在和顾客闲聊的同时，无意识地在手里摆弄起这个盒子来。突然，威尔伯注意到自己双手正在扭动这个盒子，上下两面可以相对扭曲成不同的角度，而纸盒侧面在竖直方向是刚硬的。

盒子引发的灵感让莱特兄弟成功地解决了平衡问题。威尔伯把飞机的双翼按照同样的道理进行扭曲，经过扭曲的机翼，一侧机翼就可以比另一侧机翼形成大的仰角，这样，如果飞机的一翼开始下沉，那么扭曲一侧的机翼就会获得更大的升力，飞机也因此恢复到平衡状态。

1899 年 7 月至 8 月，莱特兄弟把一只奇特的大风筝拖到了代顿城外的一块空地试飞，结果令人非常满意。这是他们模仿盒子的形状制造的一只"双层"风筝，它有 5 英尺（1英尺＝0.3048 米）宽，翅膀的扭曲由 4 根连着地面的绳子来实现。根据绳子拉

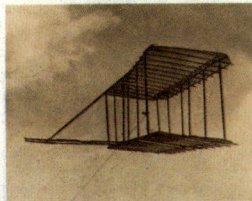

莱特兄弟正是因为有了这只双层大风筝，才向成功迈出了正确的第一步。

1901 年制造的滑翔机在接受第一步测试。

动的情况。风筝的双层翅膀或上或下地转动。直到今天，飞机上仍然使用以这项发明为基础的飞机控制系统。

莱特兄弟制造了一架能够在空中平稳飞行的风筝，他们便想再造出一个更大、更牢地足以携带起一个人的风筝。

莱特兄弟对飞行的兴趣更浓了，他们关注的目光回到了李林塔尔身上，兄弟俩要制造一架能够在空中保持平衡的滑翔机。但滑翔机本身并没有动力装置，它的升起，仍然要依靠持续不断的、并且是比较大的风力的帮助。

华盛顿气象局局长和当时在航空史研究方面最著名的权威奥克塔夫·夏努特，给莱特兄弟找到了试飞的最佳地点——北卡罗来纳州海岸边的基蒂霍克沙地。这两个人后来成了莱特兄弟的好朋友。

莱特兄弟带到基蒂霍克的滑翔机，这上面有两个重要的装置是前人试验时飞行器上所没有的。一个是前方向舵或叫"升降舵"，它的后缘离机翼最近的边缘只有不到 1 米远；另一个就是机翼的扭曲系统，通过对木行架巧妙的设计，机翼能够从一边向另一边扭曲。当飞行中的滑翔机遇到强风，机身倾斜时，通过扭曲机翼就能恢复平衡。

这架前所未有的滑翔机总重约 24 千克，机身的主梁有 4.8 米长，弓形翼面的翼展却长达将近 5.3 米。它的升力面积是 15 平方米，驾驶员则趴在下翼中央的位置上操纵机器。

荒凉的基蒂霍克，除了沙地、风、海和少数的几户人家外，几乎没有别的。风似乎总刮个不停，莱特兄弟在恶劣的环境中一次又一次做着他们的飞行实验。在离基蒂霍克 6.5 千米远的一个叫做克尔德维尔山的较大的沙丘上，在当地邮局局长比尔·塔特的帮助下，兄弟俩轮流驾驶着滑

奥克塔夫·夏努特（1832—1910），早期是一位滑翔爱好者。和李林塔尔是旧识，曾一起讨论过有关滑翔机的诸多问题，后来成为美国最具权威的飞行信息及技术收集专家。1896—1898 年，夏努特曾和助手一起制造和试飞过滑翔机。

摄于 1900 年，这是威尔伯在基蒂霍克做首次试飞。

翔机从 30 米高的地方飞行。一切都非常顺利，莱特兄弟深受鼓舞。

当基蒂霍克寒冷的冬天来临时，莱特兄弟准备起程返回代顿。对他们来说，把这样的庞然大物再运回去显然是费力而且毫无必要的，他们把它作为礼物，送给了塔特一家。

莱特兄弟除了发明了第一架能够持续和可操纵飞行的动力飞机外，他们最有价值的发明就是风洞试验。

为了得到真正科学准确的关于飞行的数据，奥维尔找到了一个淀粉箱子。他在这个箱子里放了一台仓促制作的装置，其主要部分是一个在枢轴上转动的金属杆，式样与风向标相同。当气流飘过，就可以用金属杆像天平那样对弯曲翼面和平翼面进行比较。通过一个玻璃盖，奥维尔能够清楚地观察到箱子里的情况。在代顿市的自行车铺里，莱特兄弟利用闲暇在风洞里进行了 200 多次各种类型的翼面试验。当时，他们并不知道，就在那几个星期里，他们完成了一项意义重大得无法估量的事业。世界第一次得到了整套科学数据。直到今天，风洞仍然为各种各样的航空试验室所广泛应用。

风洞试验是人类飞行史上从失败走向成功的一个伟大的转折点。自然，依据风洞试验得到的数据而制造的滑翔机取得了巨大的成功。1902 年 9 月，莱特兄弟又一次来到了基蒂霍克。9 月 19 日，兄弟俩装配好滑翔机，准备进行第一次试飞。

第 3 号滑翔机的翼展比第 2 号滑翔机的翼展宽了 3 米，其他方面并没有改变。这样的改造是根据他们在风洞实验中所得的数据来调整的。另外，他们的 3 号滑翔机还有一处较明显的改变。为了能平衡两翼所遇到的不同阻力，他们给滑翔机加了一个机尾。

这台风洞类似于莱特兄弟那台常用来测试不同机翼受气流影响的风洞。

莱特兄弟

【"两个学飞翔的疯子"】

莱特兄弟从 1902 年 9 月到 10 月，用新的滑翔机操练了不下 1000 次。40 秒、50 秒，直到 1 分钟，他们在空中停留的时间越来越长，并且可以用比老鹰还小的仰角在空中滑翔。

第3号滑翔机在飞行中出现了一些奇怪的问题。有时候，在飞行中它居然不受驾驶员的控制而一下旋冲到沙地上，用机翼在沙地上"挖"出一口"井"来，莱特兄弟把这种情况称为"挖井"。这种问题在以往的滑翔试飞中从未出现过。看来，毛病出在新装置上。

后来，他们发现必须把垂直的尾翼改成活动的，以便让驾驶员遇到滑翔机横向倾斜时能够把空气的压力转移给上翼。这就是后来被人们采用的莱特操纵系统——副翼和方向舵的独立控制。他们立即动手对滑翔机的尾翼进行了改造。他们将控制尾翼的铁丝连接到机翼扭曲系统上，这样，一方面尾翼可以动了，另一方面它不会增加驾驶员的操纵难度。再一次试飞时，滑翔机可以平稳地在有风或无风的天气里飞行了。

至此，离莱特兄弟的理想只差一步之遥，他们需要为新的滑翔机装上一个动力装置以维持它向前飞行。

这个动力系统包括一台发动机和一个螺旋桨式样的推进器。最开始的时候，莱特兄弟曾求助于汽车制造公司和造船厂，但结果是令人失望的，因为在那些公司经营者眼里，假如为他们提供了机器，必然会极大地损坏到自己的商业信誉。因为世人会觉得他们没有头脑，竟相信人类飞行是可能实现的理想，所以没有一家公司能够根据他们的要求提供订货。

面对困难，莱特兄弟把自身从小就有的机械制造的天分充分发挥了出来，6个星期以后，他们就制成了发动机并准备试车。这台发动机竟然比他们曾要求的重量更轻、功率更大，他们为之兴奋不已。

几个月后，错综复杂的问题被一一解决了，他们已制造出转速达302转、输出功率为66%的螺旋桨。莱特兄弟在新造的飞机上装了两台旋转方向相反的螺旋桨，这样，一方面这两者产生的陀螺效应可以互相抵消，另一方面可以获得较大的空气反作用力。

各种新的技术问题在不断地产生，也在不断地被解决。终于，9月23日，莱特兄弟作好了一切准备，启程去基蒂霍克进行试飞。

1903年12月14日，威尔伯第一次飞行。

　　1903 年 12 月 17 日，奇迹诞生了，在这个后来被载入史册的日子里，莱特兄弟一共进行了 4 次飞行。首次的记录是由奥维尔创造的，飞行距离 36.5 米，停空 12 秒。最长的一次飞行距离达到 260 米，威伯尔驾驶着机器在空中停留了 59 秒钟。

　　目睹了这一历史性时刻的一共有 5 个人，其中有 3 名急救员和 2 名当地人。

　　奥维尔登上飞机，开动引擎，让发动机预热，随后解开固定飞机的铁丝，飞机就迎着风向前滑动了。威尔伯扶着飞机的右翼，跟着奔跑了 12 米，直到飞机离开地面。飞机飞了 12 秒钟，最终猛然下落结束了飞行。

　　稍事整顿之后，威尔伯登上飞机，进行第二次试飞。这次飞行比上一次飞行时间长了大约一秒钟，距离也长了 23 米。

　　20 分钟后，第三次试飞开始了。这一次飞机被奥维尔控制得平稳多了。它不再忽上忽下地起落，而且最后它飞了 15 秒，飞行距离超过 61 米。

　　威尔伯在 12 点整开始第四次试飞。这一次威尔伯创造了他们一天当中的最高记录——飞行距离 260 米，飞行时间 59 秒。

　　飞机只有一点小小的损伤，兄弟俩还打算经过一两天的修复后，继续飞行。可是，意外却发生了。就在他们站在那里谈论的时候，狂风毁了那架机器，它被吹得不断翻

改变世界的一刻

　　这天是 1903 年 12 月 17 日，时间是早上 10 点 35 分。奥维尔起飞做世界上第一次有动力驱动的重于空气的飞行器的飞行。飞机沿左边的发射轨道下滑时在一旁帮着扶稳的威尔伯还在小跑。

滚，机翼变了形，木制肋骨被撞断，发动机也损坏了，飞机显然已不能再飞了。

这不过是小事一桩罢了，莱特兄弟完全有时间和能力再造一架。现在，他们关心的只是赶回家过圣诞节。

这一天作为改变世界的一天，永远值得人们纪念。应该说，这次的试飞开创了人类飞行史上的新纪元。

莱特兄弟希望自己的家乡代顿市的报纸能成为首家发布飞行成功消息的媒体，然而被报纸的编辑拒绝了。因为包括他们在内的所有的人都不相信世界上有这样一次飞行。加上当时，不断地有德高望重的研究人士发表文章论述人类上天飞行的荒谬性，而且，失败的例子更是不胜枚举。

所有的舆论和目光都在怀疑和嘲笑，人们嘲笑来自北卡罗来纳州的自行车修理匠只不过是两个学飞翔的疯子而已。的确很奇怪，莱特兄弟征服蓝天的成功实验只用了 4 年时间，使人们相信这一事实，却花了 5 年时间。

1903 年 12 月 17 日，飞机在第四次飞行后毁坏。

举世震惊的飞行表演

在离代顿市 13 千米的一个叫霍夫曼牧场的地方，莱特兄弟花了一年的时间把飞机的飞行技艺提高到了令人惊讶的地步。他们制造了"飞行者 2 号"和"飞行者 3 号"，这两架机器的性能比在基蒂霍克试飞的那架"飞行者 1 号"优良许多。莱特兄弟自己摸索着学会了在空中转弯。一年后，"飞行者 3 号"已能够持续飞行 38 分钟，距离 39 千米。

1904 年 5 月，霍夫曼牧场上莱特兄弟的第二代飞机。

霍夫曼牧场旁边有两条公路和一条铁路经过，莱特兄弟的行为并不乏旁观者，但仍然没有人认识到其中的价值。

但是在欧洲，莱特兄弟的发明却引起了极大的关注，英国、法国、德国都派出了自己的调查人员前往霍夫曼牧场。就像当初希望飞行成功的消息第一个由代顿市的媒体报道一样，莱特兄弟俩也希望飞机的首先拥有者是美国。

然而他们屡次努力，却屡遭失败。终于，他们开始打算和欧洲谈判了。眼见欧洲各国与莱特兄弟频频接触，美国政府终于开始转变他们的态度，1907年圣诞节前，莱特兄弟终于接到了政府的邀请——参加飞行表演。当然，对欧洲各国来说，在正式签订购买合同以前，也需要莱特兄弟展示他们新发明的运行情况。

1908年5月，腼腆内向的威尔伯被派往法国，而奥维尔则留在家里，在迈尔斯堡为美国官方试飞。威尔伯在法国的巡回表演开始于勒芒，他取得了巨大的成功。短短几天，他便征服了法国，征服了他遇见的每一个人。

这年8月8日，威尔伯准备进行首次飞行。当一切准备妥当后，威尔伯登上飞机，松开驾驶员坐位旁的闸柄。飞机立即向前冲去，当它冲到跑道的尽头时，就凭着足够的速度腾空而起。飞机飞得非常漂亮，威尔伯在观众上空绕了两个圈子，然后回到了地面。观众们中间爆发出激动的喧闹声，当威尔伯走下飞机时，他们立即拥了过去，并试图用热烈的亲吻向他表示祝贺与赞赏。第二天早上，报纸上报道说"他就睡在他的创造物旁边"。因为这一天晚上，法国航空俱乐部的成员力邀威尔伯参加他们为他在巴黎最豪华的大饭店里举行的宴会，但威尔伯却推辞了，他说他想对飞机进行检查。

在此后的几个月中，威尔伯又进行了多次成功的飞行表演。他成了新闻的热点，成千上百封崇拜他的姑娘们写的信从四面八方飞来，任何有关他的消息都是最重要的新闻。他的头像和飞翔机的明信片在法国随处可见。

奥维尔在美国的试飞最开始时是顺利的，他的连续飞行时间很快就超过了1个小时，达到80米的高度，美国的大众终于确切地相信了飞机的存在，军方也已做好了同莱特兄弟交易的准备。但是1908年9月17日，奥维尔在飞行中却发生了意外。在飞行过程中，飞机突然失去了控制，在时年26岁的同机乘客托马斯中尉登上飞机的高兴劲还没退去之前，飞机便一头栽向地面，托马斯颅骨破裂而死，奥维尔摔断了几根肋骨和一条腿。

在法国上空飞行的"飞行者"号飞机。莱特兄弟发明的飞机首先在欧洲引起轰动。

这是飞机飞行史上第一次空难事件。人们觉得很可怕，但一些有识之士却看到了飞机的更广阔的用途——载客运行或是运输信件等一切需要在短时间内完成的远距离运载。

威尔伯决定迁到比利牛斯山脉边上的波城去进行他的飞行表演，因为勒芒冬天的气候已不再适合飞行。在这个时候，奥维尔的伤痊愈了，他和妹妹卡特琳娜一起来到巴黎同威尔伯会合。

在波城，妹妹卡特琳娜第一次飞上了蓝天，她说尽管她满耳朵都灌满了"飞行"二字，可这是她第一次真正地乘飞机飞行。

威尔伯在勒芒的成功飞行曾吸引过很多有名望的人前来参观。后来做了法国总统的保尔·杜梅以及后来做了法国总理的路易·鲍索都成了威尔伯的乘客。来到波城后，情况依然如此。

1908年9月17日，托马斯中尉从奥维尔驾驶的飞机上掉下来。

自从被世界承认以后，莱特兄弟过得辉煌而又忙碌。人们争先恐后地表达自己对莱特兄弟的崇敬之情，上至国王下至平民百姓，纷纷涌向他们和飞机所在地参观，并以能亲眼见到他们为幸。桂冠、头衔、生意、表演以及奖章等等，都已成为莱特兄弟每天生活的特色。

与美国、法国、德国等各国政府之间的谈判进行得极为顺利，莱特兄弟忙着为这些国家培训飞行员。

现在，他们成了富有的商人、专利权的拥有者和大生意的敲定者。但是兄弟俩无奈地发现，他们正越来越远地背离了他们真正想做的事情，已经有很久，他们都没能享受独自飞行的乐趣了。

莱特兄弟的烦恼

事实上，当时的确有很多有眼光的商人已看到了飞机制造的良好的经济效益，而且也听到了这方面的组建消息。在法国和德国成立莱特飞机制造公司之后，人们期望美国也能尽快成立一个莱特飞机制造公司。但真正让它变成现实的却是个年轻的、毫无实力可言的年轻人——克林顿·珀特金。他是摩根公司的一个办公室勤杂员，年仅24岁，但在这一职位上他已获得相当丰富的开创商界事业的知识。于是在一股热情的支持下，他找到了威尔伯。他告诉威尔伯他有办法让摩根为此投资。威尔伯对这个年轻人的建议并不特别当真。后来珀特金真的去见了摩根，并找到了另一位在世界金融界交际很广的人物。通过他们的关系，很快就有一张投资者的名单被列了出来。这张单子上全是引人注目的、非常有经济实力的人。

1911 年，莱特飞机制造公司的工厂。

1909 年 11 月 22 日，在珀特金与威尔伯谈话后的一个月，美国的莱特飞机制造公司成立了，股本 20 万美元。莱特兄弟除了拥有大量股票外，还将获得所有卖出飞机的 10%的金额。他们的办公室设在著名的纽约市第五大街的日夜银行大厦里，工厂设在代顿市。

莱特兄弟在世界各地成立了自己的"莱特飞机制造公司"，威尔伯担任着集团董事长之职，除去签单与培训，这个职位的另一项重要职责就是与那些侵权者打专利官司。在大约 40 起左右的侵权案中，大部分的诉讼案都没有超过第一步，即侵犯专利者在受到第一次警告后就没有再继续干下去了。但有一起官司比较严重，即莱特飞机制造公司与赫林·柯蒂斯公司之间的诉讼案，一直上诉到美国国家法院。

1907 年，柯蒂斯成立了一个叫做"航空试验协会"的组织，并且指使协会的一名成员以请教的口吻向莱特兄弟写了一封关于飞机制造问题的咨询信件，他得到了莱特兄弟详细的书面解答，这样，柯蒂斯成立了赫林·柯蒂斯公司，专门从事飞机制造和进行飞行演示。

和柯蒂斯之间的官司打得异常艰难，对每一位参与此案的律师和法官来说，航空理论知识，是一个崭新的领域，做出正确的理解和判断实属不易。从 1910 年 1 月起，巡回法庭就陆陆续续做出了一些保护莱特兄弟专利的法令，它使莱特兄弟能合法地得到他们应得的收益。但直到四年后，美国巡回法庭才正式宣布了莱特飞机制造公司胜诉的判决。

赫林·柯蒂斯本是一名对动力飞行感兴趣的美国人，他首次成功飞行不晚于 1908 年。

与"专利诉讼案"相比，另一段令莱特兄弟烦恼的纷争来自史密森学会。在莱特兄弟开始研究飞行之前，曾受到过该学会的资料帮助。也提到过这个学会的成员兰利教授的那两次失败的飞行试验。令莱特兄弟始料不及的是，1910 年，在兰利教授去世之后，史密森学会的沃尔科特博士竟凭此向莱特兄弟发难，他们发表声明说兰利教授试验失败的那架飞机才是人类历史上第一架真正飞上天的动力飞机。为了证明他们的谬论，他们甚至默许柯蒂斯把兰利的飞机模型运到一个秘密的地点进行了极其重要的改装，当然，改装的理论依据来自莱特兄弟。1914 年，经过柯蒂斯改装的兰利原型机在纽约的丘卡湖上成功飞行，为史密森学会的声明提供了有力证据。

但直到 1928 年，美国国会才正式通过决议，肯定了莱特兄弟和他们的飞机的正确地位。

1948 年 12 月 17 日，在人类首次飞行 45 周年的纪念日，依据奥维尔的遗嘱，把这架极其珍贵的原型机送回到了美国国家博物馆，该机正式回到了奥维尔的故土。

珍藏在美国国家航空航天博物馆内的"飞行者1 号"飞机。

暮年时光

莱特兄弟在专利诉讼案的一步步胜利中获得了大笔的报酬，他们变得特别富有。于是他们决定为了两兄弟以后能长久地、幸福地在一起进行科学研究工作，在代顿市的郊区奥克任德村买下一片树林作为新家的地址。然而，在 1912 年 5 月，威尔伯和家里人看过新址后不久，他就病倒了。开始，人们以为他患的只是小病，事实却证明他得的是伤寒病。以前的工作以及持续几年的诉讼官司使威尔伯积劳成疾，他已无力再和病魔交战了。尽管请来了许多高明的医生，可威尔伯依然高烧不退，全身疼痛。1912 年 5 月 30 日，年仅 45 岁的威尔伯去世了。奥维尔深感悲痛，强忍悲痛安葬了哥哥。

1915 年，奥维尔辞去了所有职务，安心地待在代顿市郊区的霍桑庄园里继续他和威尔伯真正热爱的研究工作。

自 1915 年奥维尔辞去了莱特公司董事长一职之后，他便独自一人住在他在代顿市郊区的霍桑庄园。这是一座古色古香而带有英格兰风格的建筑，周围环绕着参天古木，门前还有一条被浓荫遮盖的小道通向外面的世界。幽静、宁

威尔伯·莱特于 1912 年 5 月 30 日去世，年仅 45 岁。

馨的气氛使奥维尔享受到了前所未有的安详生活。除了那些涌到霍桑来向奥维尔索取签名、留影的热情追随者占用他一部分时间外，奥维尔将大部分时间都用在了自己的研究工作中。

光阴荏苒，奥维尔已年近七旬，这时他忽然觉得应该在有生之年将以前的工作整理、发表出来，以便对后世有个交代。从此这个古稀老者便常常步行到过去的工作场去，那里保存着当年的各种机械、模型、书籍资料等。

1947年，美国最大的航空公司——泛美航空公司邀请奥维尔乘坐该公司的一架豪华客机升空游览。看着机舱内各种精美、舒适的设计，再看看窗外洁白的云朵，我们相信，奥维尔的心里一定充满了惬意与欣慰。据说，当时的随从就恭敬地问过奥维尔的感受，奥维尔谦逊地说："我们的'飞行者1号'不能和它相比。"

1948年1月30日，奥维尔·莱特因心脏病突发逝世于霍桑庄园，享年77岁。航空界的两位先驱先后告别了人世，美国国内一片悲哀，许多国家也下半旗致哀，人们深深地怀念这位伟大的发明家！

要说明莱特兄弟的业绩及其对人类的发展所具有的意义，用任何语言文字来表达都是困难的，但是莱特兄弟赠送给世界的这件神奇礼物带给人类生活的巨大变化我们至少可以陈述：首先，它成功地改变了人们以往的时空观，缩短了国际与洲际的距离，加快了社会运转的速度，从而大大有利于经济与社会的活动；其次，飞机的用途更加广泛，运输货物与书信，带着人们去他们想去的任何地方，以及用于战争，虽然这违背了莱特兄弟的本意，但从客观上讲，它绝对是增强国防、遏制战争的和平力量。

莱特兄弟开创了一个航空航天的新时代，带动了人类在这方面的研究，它必将永远造福于人类社会。他们为后人留下了他们的飞机以及探索的精神。这精神鼓舞了一代又一代的后继者，堪称时代的英雄！

奥维尔·莱特1948年1月30日离开了人世，比起哥哥，他亲眼看到了飞机对人类的更多贡献。

位于基蒂霍克的莱特兄弟首次动力飞行纪念碑。

大事年表

1867 年	4 月 16 日,威尔伯·莱特出生。
1871 年	8 月 19 日,奥维尔·莱特出生。
1892 年	威尔伯和奥维尔经营自行车店铺。
1899 年	风筝的试验取得成功。
	莱特兄弟的第一架滑翔机试飞成功。
1902 年	莱特兄弟在风洞研究的基础上,在基蒂霍克成功地进行了滑翔机的试飞。
1903 年	驾驶飞机在空中停留了 59 秒钟。
1907 年	美国政府改变态度,邀请莱特兄弟参加飞行表演。
1908 年	威尔伯在法国进行成功的飞行表演。奥维尔在为美国军方进行的飞行试验中受伤。
1909 年	在美国成立莱特飞机制造公司。
1912 年	5 月 30 日,威尔伯·莱特去世,享年 45 岁。
1928 年	美国国家肯定莱特兄弟和他们飞机的正确地位。
1948 年	1 月 30 日,奥维尔·莱特去世,享年 77 岁。

马可尼

Marconi

自 1831 年法拉第发现磁产生电，到 1886 年德国物理学家赫兹在实验室里证实了电磁波的存在之后，人们开始意识到电磁波可以利用到无线电通信技术之中。9 年后，意大利发明家古列尔莫·马可尼脱颖而出，他第一个说明并且用赫兹波成功地传送简明易懂的信号，从而使处于摇篮时代的无线电事业布满了全球。

20 来岁时，马可尼就开始幻想要使无线电波从世界的一端发送到另一端。27 岁时，他实现了这一理想，成为世界公认的"无线电之父"。马可尼的无线电通信在科学领域，不仅具有极其重要的位置，在信息时代迅速发展的今天，更显示出非凡的力量。

不出色的学生

19世纪以前，人们对电的认识是极为有限的。19世纪20年代，丹麦物理学家克里斯琴·奥斯特和法国物理学家安培发现电流的磁效应。19世纪30年代初，英国物理学家法拉第又发现电磁感应现象。19世纪上半叶，电磁学理论得到了巨大的发展。1864年，英国物理学家麦克斯韦研究了法拉第的思想，用数学的方法预言了电磁波的存在。

1874年4月25日，就在麦克斯韦预言后的9年，在意大利北部的古城波伦亚诞生了一个男婴，他就是后来无线电的发明者——古列尔莫·马可尼。

马可尼的父亲盖斯普·马可尼是一个精明的商人，他从父亲那里继承了格里福内别墅和一个农庄，与爱尔兰人一个贵族的后代安妮·杰姆逊在波伦亚相识。1864年，盖斯普·马可尼与小他17岁的安妮·杰姆逊结了婚。

古列尔莫·马可尼一出生，他们全家就搬到了离波伦亚17千米的格里福内别墅。格里福内别墅建在山丘上，马可尼家的农庄与山下广阔的平原连成一片，在这里，隐隐约约可以看见远处高耸着起伏的亚平宁山脉。

马可尼在优越的家庭环境中过着快乐而无忧无虑的生活。夏天，他们住在漂亮的别墅里避暑。寒冬来临，他们一家又搬到气候温和的佛罗伦萨或英国等地方，马可尼童年的大部分时光是在旅游中度过的。

马可尼的母亲安妮的姐姐住在意大利西海岸的里窝那港，母亲常带马可尼和比他大9岁的哥哥阿尔芬索去那里过冬。

里窝那是意大利的主要港口，港内船只穿梭往来，向停泊在港湾里的军舰提供给养。在这里度过的日

位于意大利北部波伦亚古城的马可尼的家——格里福内别墅。

子里，马可尼常常被那宽阔广博的大海所吸引，心中产生了许多美妙的遐想。他沉浸在无穷的幻想之中，以致后来终生与大海为伴。大海成为他研究无线电的最大实验场，在海边进行无线电实验成了他生活的核心。

幼年的马可尼是在格里福内别墅、里窝那港和佛罗伦萨等接受家庭教育，但他不喜欢在老师的监督下完成作业，每次总是远远地躲开，躲到父亲的藏书室里完成他异想天开的事情——制作一些小玩意儿。他常常在零乱的别墅里或农庄房舍里找出他所需要的东西，为一只电铃敷设附墙的电线或电池……一玩起来就没完没了。

1886年，12岁的马可尼开始在正规学校接受教育，但是他的感觉却不是很好。他丝毫也不喜欢把工夫花在学习上，虽然他一直都有自己的家庭教师，可他在学校里的成绩却不很出色。老师抱怨马可尼太迟钝，同学们则因为他沉默寡言而疏远了他。

在被老师和同学冷落的时候，马可尼交上了一生中很重要的朋友路易吉·索拉里。路易吉·索拉里是高年级学生，他喜欢这个神态严峻且不易让人接近的低年级男孩马可尼，他们之间建立了真挚的友谊。在后来马可尼研究无线电的漫长岁月中，索拉里总是会在关键时刻伸出援助之手一次次帮他渡过难关。

赫兹的启发

马可尼虽然在学校里的成绩不出色，但对科学的喜爱使他常常异想天开。在父亲的藏书室里，有科学家的名人轶事和科技讲座，马可尼在那儿一待就是好几个小时。后来，马可尼曾指出："我小时候不是个好孩子。"但性格中的几个优点对他的帮助很大：他能长时间集中注意力，善于和人相处，还能说服别人相信他做的事。

10多岁时，马可尼开始对科学，尤其是电学产生了极大的兴趣，他常常做一些与此相关的"游戏"。一天，马可尼和他的一位里窝那的朋友竖起一根涂有

6岁时的马可尼

佛罗伦萨是一座具有悠久历史的文化名城，它既是意大利文艺复兴运动的发源地，也是欧洲文化的发源地。幼年时的马可尼和父母便是在这座充满浓郁文化氛围的古城度过他们寒冷的冬季。

赫兹（1857—1894），德国物理学家。1888年，他证明了电磁波的存在，开创了无线电电子技术的新纪元。

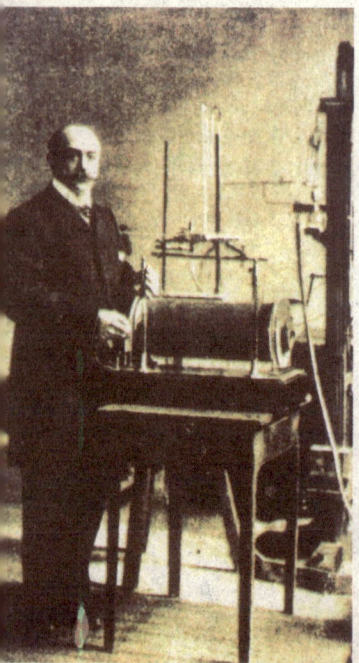

奥古斯托·里吉教授和他的实验装置。

锌铁皮做成的杆子，并把他和家里的一只电铃相连接。他们的意图是从锌铁皮杆子上截取暴风雨中的雷电，这样带电的杆子就会将电流顺着连接导线送入屋内并使门铃响起来。可是日子一天天过去了，天气却没有什么变化，他们焦急地等待着，祈祷着。终于，有一天，天空忽然雷电交加，紧接着门铃响起来了，马可尼为之兴奋不已。

一直以来，父亲盖斯普·马可尼都希望儿子马可尼能考入海军军官学院，成为一名海军军官。他甚至为儿子买了一艘帆船，但是马可尼因为成绩很差却落榜了。落榜后的马可尼依然隔三岔五地做"游戏"，使父亲特别失望。父亲认为马可尼落榜的最大原因就是在"游戏"中浪费了时光，于是他要毁掉儿子的一切实验装置。母亲安妮却让马可尼偷偷地把实验装置藏起来，不使丈夫盖斯普·马可尼发现。

1887年，13岁的马可尼进了里窝那技术学院。在这里，马可尼开始学习物理、化学，他全身心地投入学习，不再关心那些年所进行的幼稚的科学实验。在对自然界的构成及其内部的种种原动力的研究中，马可尼终于步入了那深深吸引他的科学世界。就在这一年，德国科学家赫兹开始用实验证实了麦克斯韦的预言。1888年，实验取得了成功，赫兹发现了电磁波的存在。

在马可尼一生中，母亲安妮对他产生极其重要的影响。在技术学院，出于对科学的极大兴趣，马可尼研读了大量的有关电的这门新学科发展过程中的所有资料。由于勤奋，他的成绩突飞猛进，母亲安妮意识到学院的课程已不能满足儿子的求知欲，便给他安排了私人授课。

这期间，在物理学方面的才能崭露头角的马可尼意外地受到了波伦亚大学教授奥古斯托·里吉的赏识和器重。里吉教授也是研究电磁波的，对赫兹实验的原理和意义理解得极为深刻，无线电史册上记载着他的研究成果。里吉教授准许马可尼进入学院的图书馆和他的私人藏书室。在图书馆里，马可尼读了有关全球性的电报电缆的争论性的文章和报道，以及关于建立世界范围通讯的设想。

书籍给了马可尼极大的鼓舞和启发，他一面实验，一面大量收集资料。从古代到现在，从莱顿瓶到伏打电池到法拉第，再到麦克斯韦，他都一一拜读。他决定把各家的长处综合起来，用在自己的装置上。

1890 年，在赫兹实验取得成功后的第二年，里吉教授送给他一本电学杂志。马可尼按照里吉教授的要求，仔细阅读了杂志上那几篇介绍赫兹实验的通俗有趣的文章。通过这些文章，马可尼知道了世界上存在着一种从一处传到另一处的以振动的方式穿过空间的辐射电波。

这个收获使马可尼激动不已，他开始思考与他的研究相关的一系列问题：这种电波能否将信号从一地传到另一地，应用于电报？如果这种电波能穿过空间，那它是否可以穿越房间、城市、国家甚至大洋呢？这个设想使马可尼特别激动，并从此开始了他宏伟的计划。

马可尼迫不及待地去拜访了里吉教授，他要把自己的设想付诸行动，并希望得到里吉教授的指点和帮助。里吉教授似乎并不重视他的设想，委婉地指出，他只受过有限的教育，基础知识还掌握得不牢固，而电磁波对于他可能是新鲜事，但对于科学界一流的权威人士却并不新鲜。自赫兹的实验结果公布于众以来，一些科学家一直在研究它，他们已经研究出了更好的方法来产生和检测电磁波。最后，里吉教授还指出，仅凭他一时的热情要完成权威人士尚未做到的事，恐怕不太可能在科学上有重大的进展。虽然里吉教授不太信任这个狂妄的年轻人，但对他的热忱还是特别赏识，他把自己的实验研究告诉了马可尼，并把一些设备借给他使用。

其实，里吉教授的拒绝并不为过。在当时人们看来，马可尼的确有些异想天开，虽然从里吉教授那里没有得到完全的支持，但马可尼没有对自己的想法失去信心。

他开始埋头于自己的实验，更深一层研究有关电磁学知识的理论，这对于马可尼来说并非易事，所以他常常到波伦亚大学图书馆查阅资料。在波伦亚大学的图书馆里，马可尼进一步阅读了大量的有关电磁学方面的知识，尤其是对赫兹已经发表的有关电磁学方面的理论和研究。随着越来越多知识的积累，对电磁学的认识使马可尼对自己的设想充满了自信，他决心要干出一番事业。

马可尼的言行遭到了父亲盖斯普·马可尼的反对，他说马可尼是在"浪费时间"，是个"不切实际的空想家"。但每到这时，母亲安妮总是会站出来为儿子解围。

有线电报虽然方便了大家的通讯，但是架电线、铺电缆却是一件极为艰苦的事情。

虽然从里吉教授那里没有得到支持，但是马可尼仍然执著地按照自己的设想，开始了无线电实验。

无线电报装置问世

18 94 年来到了，马可尼需要一个清静的实验室，母亲安妮便在格里福内别墅顶楼的两间大房子里为儿子腾出一小块地方。马可尼把所有的实验装置都安置在这里之后，便迫不及待地投入到无线电实验中。实验成为他的一切，成为他通向成功之巅的必经之路。

马可尼将里吉教授改进了的赫兹发射机的振荡器略微做了些改进，使电波发射得更远了。为了使电波反射到接收机上，他将一块圆弧形的金属板放在发射机后面，并采用了法国物理学教授爱德华·布朗利的金属屑检波器进行检波。金属屑检波器是一种电器装置，里面的各种部件在电磁波、电或磁的影响下相互贴连或排列。由于检波器很容易被电通过，所以，它为电流形成了一个使它流经电池的连续通路，于是，电池做出反应便可以驱动电铃。

1894 年的一天，马可尼在顶楼上继续他的无线电实验。他设想电流通过电池及感应线圈，沿着导线发射并穿过发射机的金属球的间隙（即"火花隙"）迸射出巨大的振荡火花，这样电振动便会以波的形式向各个方向传播，几米远的金属屑检波器，便会接收到一部分电波。于是，他将电池接上感应线圈和发射机，在几米远处放着金属屑检波器、电池和电铃（即接收机）。实验即将开始，马可尼小心翼翼地按下发射键，屏住了呼吸，忽然听见几米远的电铃发出了清脆的响声。

他又一次次地按发射键，直到终于确信这是事实。激动万分的马可尼叫来了母亲，并做示范给母亲看。电铃响起来了，母亲高兴地甚至把儿子的"反对者"——丈夫盖斯普·马可尼也动员到顶楼来了。盖斯普·马可尼看到儿子搞出了一点名堂，只是点了点头，什么也没有说。但从这以后，马可尼买实验器材，再也不用偷偷向母亲要钱了。

初步的成功给了马可尼极大的信心，他又给自己提出了新的问题，继续实验，使电磁波能够辐射得更远。

马可尼开始把接收机移得更远了些，但却失败了。他以不同的方式调整了实验装置，试用了各种导线，并来回地移动着金属球，使它更好地向空中发出振动波所必需的

1890 年，法国人爱德华·布朗利制作了一个装满金属粉末的玻璃管。这一装置叫做"金属屑检波器"，它使接收单独的信号成为可能，从而朝无线电报技术迈出了重要一步。

马可尼 1896 年的粉末检波器

那种振荡火花。

几周以来，他白天黑夜地连续工作着，几乎没有时间按时进餐，母亲只好将饭菜给他送到阁楼上。连续超负荷工作却没有取得更大的突破，但马可尼没有失去信心，依然一心扑在实验上。

马可尼决定重新改装发射机，他把金属薄片接到火花隙的金属球上，在另一处的金属屑检波器的每一端也做了同样的安排，信号立即变得强而清晰，完全可以从顶楼的一端发射到另一端了。

为了取得进一步的突破，他又采用不同的材料做火花隙金属球，还改装了金属屑检波器。在金属屑检波器中，他采用了更细的金属粉屑，改进后的效果是惊人的，金属屑检波器能检测到最微量的电，甚至极弱的信号也能接收到。

成功开始向马可尼招手，冬季漫长的几个月过去了，无论是寒冷的白天或夜晚，马可尼都是在与电池、感应线圈和金属屑检波器打交道中度过的。时光在探索和实验中流逝，1895年，在反复的实验中，马可尼发明了散屑器。

要使金属屑检波器检测来自发射机的电波，就要把凝聚在一起的金属屑分散开来。为了解决这一难题，马可尼想到了电磁铁，他把电磁铁加装在接收机的装置中，每当电流通过金属屑检波器时，它会马上吸住一根装有小锤的小铁棒，当小锤轻击金属屑检波器的玻璃管时，金属屑马上就会分散开来。这一看似简易的举措，却使得每一个电脉冲都能被接收到，并且可以将其储存起来再接收下一个信号。这个突破意味着马可尼不再只是简单地发送和检测电波，而是可以用代表一定意义的莫尔斯电码收发信号了。

19世纪，敏感的发明家已经意识到电磁波的应用价值，一些科学家也在探索和研究电磁波。他们关心的是理论，是这些波、可见光和辐射热的一般特性。但马可尼并不关心理论，他是个实践者，他只想使电波发射得更远，并用它们来传递信号，为人类所应用。

1895年夏天，马可尼开始让哥哥阿尔芬索把接收机搬到了格里福内别墅的花园，并且开始用莫尔斯电码发送信号。在顶楼的实验室里，马可尼按下了莫尔斯发射键，阿尔芬索那头接收机的电铃立即响了起来，并清晰地出现了莫尔斯电码的3个点和1个字母S。不相信儿子理论的父亲盖斯普·马可尼看到这一切时，才开始从心底被打动了，他还给了马可尼一笔钱，让他买一些必备的器材，并鼓励他继续努力。

这年9月，马可尼又开始着手一项新的实验：如何能增强发射机的能量，使

幼年时期的马可尼和母亲、哥哥在一起。

马可尼发明的无线电发射装置

振动波发射得更远。他在发射机上装了4只金属球，两只球之间形成火花隙，他把外边用铜棒与之相连的两只球装在了两块厚铁板上。在接收机上他也装了同样的厚铁板，电波突然蹿出好几百米远的距离。

激动的马可尼反复地调整着，试图取得更大的突破。在一次实验中，马可尼不经意地偶然把一块厚铁板举在空中，而另一块在地上依然没动。突然，信号变得十分强烈，一下子可以蹿出1千米远的距离。至此，实验的进展极其飞速。马可尼用一块架空的铁板做"天线"，他用另一块埋入地下的铁板做"地线"。后来，他又使用铜导线和铜板分别来替代铁板做天线和地线，并用一根铜导线将天线和地线接到发射机上，在接收机上也增加了一根天线和地线。

哥哥阿尔芬索拿着接收机，另一个助手拿着天线一次次把"战地"移到越来越远的地方。从阁楼到花园，从花园到田野，从田野到山丘，这个长长的马车队引起了农民们的注意，马可尼的无线电实验一时成了人们谈论的热点话题。

这年秋天，马可尼做了一次成功的实验。电波穿过阁楼、花园和山丘，射到了2.7千米以外的地方，接收机上清晰地显示了莫尔斯电码，这使马可尼确信该项新通信系统的潜力。

至此，世界上第一个无线电报装置终于问世。马可尼心中产生了更宏伟的愿望——使无线电布满全球。在更多的实验之后，这种装置就可以大批量生产，将会使通信业发生翻天覆地的变化。

穿越海湾的信号

马可尼需要更多的资金来源，因为仅凭他那些实验装置是毫无可能实现他的愿望的。于是，马可尼向意大利邮政总局写信请求资助，但是没有得到支持。1896年2月，22岁的马可尼告别了亲人，前往英国。

19世纪的英国，正处于资本主义向帝国主义的过渡时期，海外贸易极其发达。政府重视科学发明，他们同海外有着广泛的联系，无线电如果能够得到实际应用，就会给英国的航海事业带来无法估量的前途。

在英国伦敦，马可尼的母亲安妮的侄子亨利·詹姆森·戴维斯对他的外国表弟马可尼的发明产生了兴趣。30岁的表哥亨利是一位工程师，他与英国各阶层人士都有广泛的接触。他的一位科学家朋友为马可尼向英国邮政总局的总工程师威廉·普利斯博士写了一封推荐信。

60岁的威廉·普利斯是英国电信界的权威人士。早在1882年，他就用电流感应的方法研究感应无线电报。1885年，在相距400米的两条绝缘线路之间，普利斯进行了电话信号传输，但是导线却要相应增长，无法传送更长的信息。在马可尼初到伦敦时，普利斯博士曾做了一次大规模的实验，他想在英格兰和爱尔兰之间传送感应电报，但却失败了。恰在这时，普利斯博士收到了一位朋友的推荐信，知道了马可尼和关于他的无线电报，普利斯博士便迫不及待地想见一见这个无线电发明家。

得到了普利斯博士的允许，马可尼前往邮政总局拜访了这位总工程师。马可尼使用了他带来的所有的实验装置向普利斯做了示范。普利斯对马可尼采用电磁波辐射的方法发明的无线电报，尤为惊讶和赏识，他多年来想要拯救英国海岸沿线遇险船员的愿望终于可以实现了。但是普利斯却发现，马可尼的无线电装置极为笨重，里面的部件也极其简单，他不无感慨地给马可尼以很高的评价："人人都认识鸡蛋，但是只有马可尼把鸡蛋立起来了！"这是一个关于哥伦布的典故，普利斯博士把马可尼比做发现新大陆的英雄哥伦布并不为过。

英国工程师威廉·普利斯博士。在无线电的发明过程中，普利斯博士给了马可尼极大的鼓励和帮助。

1896年7月27日，在威廉·普利斯的安排下，马可尼在伦敦邮政总局大楼的屋顶和距它300米远的一座银行大楼之间成功地进行了一次公开实验。9月2日，在普利斯博士的帮助下，马可尼又在广阔的索尔兹伯里平原进行了无线电信号实地收发实验，电波一下子蹿出了3千米左右的距离。

马可尼的无线电发明引起了人们的关注，这与威廉·普利斯的帮助和提携是分不开的。他替马可尼做宣传，为马可尼设法争取政府的资助，对马可尼的事业产生了重大的影响。

1896年，来到英国后的马可尼和他的无线电发射机。

1896年12月12日，普利斯在伦敦科技大厅做关于无线电报的科普讲演。做完讲演后，普利斯便把台下的马可尼以及他的无线电波介绍给大家。马可尼取出他随身携带的无线电装置，分别把接收机和发射机等设备放在大厅的两个角上，叫了一个听众作发报员，他自己守在接收机前。当发报人按下发射键时，接收机的电铃立即发出了清脆的声音。大厅所有的人都听到了，顿时，整个大厅沸腾了⋯⋯这位年轻的发明家成了家喻户晓的人物。

就在这一年，马可尼申请了他的第一个专利。不久，英国杂志《电气技师》刊登了马可尼申请专利的简报，这意味着他成了英国官方承认的无线电报装置的发明者，其他人未经许可不得仿制。

1897 年初，在普利斯的争取下，英国邮政总局同意给马可尼提供全部实验经费和所需要的各种物资，来进行海上通信实验。

1897 年 5 月，马可尼在英国本岛和其西海岸南段的布里斯托尔湾中的弗拉特霍姆小岛进行跨海通信实验。为了使这次实验取得成功，普利斯特地叫自己的助手乔治·斯蒂温·凯普来协助马可尼。

马可尼和助手乔治·斯蒂温·凯普

5 月 11 日，他们把发射机装在拉渥洛克岸上的小屋里，在屋外架设了用金属圆筒制成的天线杆。接收机放在弗拉特霍姆小岛上，同样安装着用金属圆筒制成的天线杆。实验取得了成功，电波辐射达 4.8 千米。5 月 18 日，马可尼把接收机移到海湾对岸的布瑞当，并用两只覆盖着锡箔可以升到 49 米高的风筝做收发天线，之间相隔 14.5 千米。就在这一天，无线电信号第一次穿越了布里斯托尔海湾，马可尼在海湾的实验终于获得了成功。实验结束时，普利斯表示了他热烈的祝贺，并告诉马可尼，凯普可以成为他的助手。从这以后，凯普成了马可尼一生最得力的助手和朋友。

马可尼跨越海湾通信实验的成功在无线电史上具有重大的意义，它是人类第一次不用导线就可以使信号穿越海湾，从而到达目的地的无线电实验。

1947 年，就在这次实验成功后的半个世纪，英国当局为了纪念这件具有历史意义的大事，在布里斯托尔湾举行了一次盛大的纪念仪式。出席纪念会的有政府官员和很多知名人士，马可尼、普利斯和凯普一时成了历史人物。在纪念仪式的教堂里，进行了纪念碑落成的揭幕式，古铜色的纪念碑上题有：在这里，无线电信号第一次进行了跨海传送。实验人：古列尔莫·马可尼和乔治·凯普。在拉渥洛克和弗拉特霍姆之间：1897 年 5 月 11 日；在拉渥洛克和布瑞当之间：1897 年 5 月 18 日。

【创建马可尼公司】

马可尼无线电跨越海湾实验的成功，一时引来了英国和国外新闻媒体的兴趣。人们对穿行在地球上空的电波感到非常惊奇，纷纷前来听有关无线电的公开演讲。人们的反响，引起了意大利当局的重视，他们意识到拒绝马可尼是一个极大的错误。1897 年 7 月，马可尼接到意大利驻英使馆的邀请，请他回国为意大利海军做示范表演。

返回意大利，国王和王后在罗马接见了马可尼，并观看了他的表演。马可尼在陆地上建立了一座电台跟意大利军舰通信，船与岸之间相隔 19.2 千米的无线电信号的发送被成功接收。

1897 年，是马可尼生涯中世界性通信系统的诞生年，也是马可尼公司的创建之年。在表哥亨利·詹姆森·戴维斯的资助下，马可尼成立了无线电报通信公司（1900 年改为马可尼无线电公司）。它的目的是发展开拓市场，在全世界出售无线电的发明装置。出于对祖国的热爱，马可尼允许意大利不受专利限制，可以任意开发无线电设备。

在英国维特岛的阿鲁姆湾一处环境优美的滨海旅馆，马可尼和他的工程队建立了一座命名为尼特的无线电台，尼特无线电台完工后，吸引了成群结队的参观者，其中包括政府官员和社会名流。人们惊叹高高耸起的 30 多米的塔杆（天线）和它神奇的力量。英国著名的物理学家开尔文勋爵也成为参观者之一。开尔文勋爵是大西洋海底电缆的创始人，一直对无线电持怀疑态度，但现在他也不得不信服。后来，马可尼结识了开尔文勋爵，在马可尼的无线电普及工作中，开尔文勋爵支持了他许多年。

在增大通信距离的过程中，马可尼和他的工程队做了很多艰辛的改良工作。这位年仅 23 岁的意大利发明家渐渐被世人所瞩目，他经常被邀请做无线电通信的示范。1898年，马可尼应维多利亚女王的要求，为维特岛上奥斯本住宅的皇家游艇安装无线电装置。在 16 天中，维多利亚女王和威尔士王子利用无线电，通信 150 次，《泰晤士报》对此还做了相关报道。这期间，马可尼被维多利亚女王召见，女

马可尼发明的电报机发射装置

马可尼公司所在的大楼

拍摄于 1901 年的马可尼的工作照

王希望马可尼再接再厉。威尔士王子也对无线电表示出极大的兴趣，认为"电波穿透力"有很大的前途。

1898 年 7 月，爱尔兰首都都柏林的《每日快报》成了第一个用无线电发送新闻的报纸。它报道了在金斯敦的爱尔兰海上举行的快艇赛，马可尼在一艘拖船上跟随快艇用无线电将新闻发给金斯敦的接收站，再由电话传给都柏林。

1899 年 3 月 27 日，无线电穿越英吉利海峡，英法两国间第一次进行了无线电联络。两国各大报纸都在头版作了报道，学术界也发表文章赞扬和评论这次实验。在一次次的成功实验中，女王的关注、报纸的报道使马可尼的无线电报更加闻名。在无线电信号跨越英吉利海峡后，马可尼的名字几乎传遍了世界，他常常被邀请到澳大利亚、巴西、中国等国家做示范。

这年 7 月，马可尼的无线电通信装置第一次在英国海军演习中使用。英国皇家海军舰艇"亚历山大"号、"欧洲"号和"女神"号都安装了马可尼的装置，马可尼和助手凯普以及另一助手分别在这 3 艘军舰上工作。演习成功后，英国皇家海军同马可尼签订了扩大安装无线电装置的合同。

金斯敦帆船大赛的报道引起了美国对马可尼无线电的兴趣。为了使 1899 年 10 月举行的美国杯国际帆船大赛也能以同样迅捷的方法进行报道，他们邀请了马可尼。在美国，马可尼用他随船携带的无线电装置报道了这次盛大的比赛，随后，还为美国海军做了示范性实验。

"S" 电码飞越大西洋

位于英国波尔杜的电报发射站

马可尼乘美国"圣·保罗"号邮船横渡大西洋返回英国。在离开纽约前，马可尼开始把眼光放在大西洋上，他要让无线电波穿越大西洋。在返回英国途中的 1899 年 11 月 15 日，马可尼在"圣·保罗"号上与维特岛上的尼特无线电台进行了通信实验。这一次，马可尼把通信距离增大到 106 千米。但是，他没有因为眼前的成功而陶醉，他要完成自己横跨大西洋，实现欧洲和美洲之间的无线电通信的伟大梦想。

20 世纪初，无线电收发报装置正处在原始阶段，加上英美两地相隔 3000 多千米，要传播无线电信号是何等艰难，这是多少科学家想都不敢想的事情。因此，马可尼的言行立即引起了一些人士的怀疑和嫉妒，他们认为电磁波是直线传播，不会绕过地球曲面传播，想穿越大西洋简直就是空想。

为了实现这一计划，马可尼做了大量的准备工作。1900年，他发明了可以发射和接收许多无线电信号的调谐电路。与此同时，马可尼取得了这项专利，号码为 7777。

这年 10 月，马可尼在英国西南部的康沃尔郡海岸上的波尔杜建立了一座大功率无线电站。它采用了当时世界上功率最大的 10 千瓦的音响火花式电报发射机，同时给发射机装置了排成扇形、结构牢固的很多根垂直天线。1901 年，无线电站建成投入使用，初次实验，通信距离可达 322 千米。

1901 年 11 月一个寒冷的冬天，马可尼同助手凯普等人乘"撒丁"号从英国驶向纽芬兰。10 天后，他们到达纽芬兰的圣约翰斯港，纽芬兰官员为他们的实验提供了一切方便。在圣约翰斯海岸的一座小山上，马可尼及其助手架设了一个正六边形的大风筝天线，在附近建筑的一间屋子里安装了接收机。为了更加灵敏地接收检波器的输出信号，马可尼决定不采用莫尔斯电码记录仪而改用电话机。

后来，马可尼记下了他当时激动的心情："关键的时刻终于来到了，我为它做了 6 年艰巨的准备工作，各种指责和各种困难从来没有使我动摇过，我就要检验我的理论的正确性，证明马可尼公司和我已经获得 300 多种专利的价值。"

1901 年 12 月 12 日，是人类通信史上一个伟大的日子，马可尼要在当地中午 12 点到 15 点之间接收英国向纽芬兰发出的无线电信号。

这天下午 12 时 30 分，马可尼在纽芬兰的圣约翰斯港，听见与无线电接收机相连的电话机中，传出 3 声轻轻的"滴答"声，这正是他们预先约定的莫尔斯电码中代表"S"的 3 点短码。马可尼屏住呼吸，紧张地听着，几乎不敢相信这就是从大西洋彼岸传来的声音。马可尼为之激动，他确信，不用电缆进行横跨大西

1901 年 12 月 12 日，马可尼在纽芬兰收了到从英国波尔杜站发来的越洋无线电讯号。图为位于英国波尔杜发射点的纪念碑。

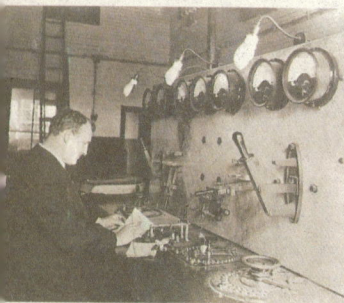

1907 年 10 月 17 日，在格莱斯湾和爱尔兰克利夫顿之间的第一次跨越大西洋的商业无线电报业务开通了，从而使无线电事业达到了高峰。

洋通信的时代已经不远了。

无线电信号终于成功地飞越了 3200 多千米的大西洋，从遥远的英国传到了加拿大的纽芬兰。这一消息震惊了整个世界，人们为之啧啧称赞。尤其是英国著名的报纸《泰晤士报》，它连续发表文章积极宣传马可尼的实验，并给予很高的评价。但是，这一消息却引起了英美有线电报公司的嫉妒。因为他们享有大西洋海底电缆的专利，很担心马可尼的无线电使他们的利益受到影响，所以他们声称马可尼公司侵犯了电报公司的权利，只有经过他们的允许马可尼公司才可以在纽芬兰建立商用无线电站。

1902 年，马可尼的父亲盖斯普·马可尼去世。但马可尼并没有因为过分悲痛而终止继续改良无线电的通信工作。同年 10 月，马可尼在英国波尔杜发射台和美国轮船"费拉德尔菲亚"号 2500 千米之间做了进一步的实验。实验的结果显示，"费拉德尔菲亚"号顺利地收到了从波尔杜发来的有实际内容的电报信号。如只拍发测试字母，就可接收至少 3200 千米距离外的信号。

加拿大政府对这次成功的实验给予很高的评价，并拨付 16000 英镑给马可尼，让他在新斯科舍半岛的格莱斯湾建立一个大功率的发射台。

12 月的一天，从英国到加拿大之间，第一次正式进行了成功的洲际无线电通信。但由于英国波尔杜的发射机功率不够大，使加拿大接收的信号不太清晰。后来，经过改装，1903 年初，两台之间的正式通信完全成功。从英国到加拿大之间，正式拍发的第一份无线电报是马可尼发给英国爱德华七世和意大利维克多·爱曼纽尔三世的个人感谢电报。

1903 年 1 月，马可尼从他在韦尔费利特建立的电讯发送站替罗斯福总统给英王爱德华七世发去一份贺电。

不久，美国邀请马可尼在科德角修造了一座大功率的发射台。这里发出去的第一份无线电报是美国总统发给英国国王的。从此，无线电成了各国国王和政府首脑的宠儿。

这年春天，无线电开始从美国向英国的《泰晤士报》传送新闻，报纸新闻的时效性变得很强，每天的最新消息当天就可以见报。

至此，马可尼的无线电通信已经开始遍及欧美。除了英国、意大利、加拿大、美国、德国、比利时等一些欧美国家建立了无线电台，成百艘大西洋航线上行驶的邮船也纷纷采用马可尼的装置，无线电通信开始成了全球性的事业。

就在出行美国这一年时，马可尼拜访了伟大的发明家托马斯·爱迪生。两人在一起进行了亲切的交谈，彼此充满了崇敬之情。爱迪生称赞说，世人永远意识不到马可尼的全部贡献有多大。

然而，正当无线电开始走向辉煌之时，马可尼却卷入了一场发明权的诉讼之中。1908年，俄国物理化学协会专门成立了一个委员会，对发明无线电的优先权问题进行了调查。之后，他们宣布波波夫是最早的无线电报的发明者，他应该享有发明无线电的优先权。英国学者们对此极为不服，他们认为虽然马可尼没有在波波夫以前做过真正的无线电表演，但他是第一个让无线电走出实验室的人，也是第一个让无线电飞越大西洋，变成真正实用的通信工具的人。

1908年5月4日，在美国，北美巡回法庭审判了有关著名的7777号专利的诉讼案。无线电第一次被用在法庭上做示范，结果马可尼被证明是真正的无线电发明者。法官当即做了宣判："1887年，赫兹在关于电磁波的新发现是空前的，它惊醒了全世界的科学家。因此，有人试图否认马可尼的伟大发明。实际上，9年过去了，没有一个人使电磁波得到实用或者取得商业上的成功，而马可尼却是第一个说明并用赫兹波成功地传送简明易懂信号的人……"这段判词后来成了无线电学史上著名的文献。

1909年12月，35岁的马可尼和德国科学家卡尔·布劳恩一起因为对无线电报的贡献而获得诺贝尔物理学奖。

波波夫，俄国物理学家、电气工程师。

海洋信使

马可尼无线电通信被应用到人类生活的各个领域。尤其是在海上的应用，使无线电成了遇难人员求救的信使。

早在1899年3月3日，一只船撞上了多佛尔附近的古德温暗礁，在这千钧一发的时刻，一个船员及时发出无线电求助信号。船员们的生命和价值5万多英镑的货物才得以保全。

10年后的一天，就在马可尼获诺贝尔奖的那年初，航行在大西洋的"共和国"号同"佛罗里达"号两艘轮船发生猛烈的碰撞。轮船被彻底撞毁了，在大雾弥漫的海上绝望无援地漂着。报务员杰克·宾斯立即发出了呼救信号，在离48千米岸上的电台收到了这一信号。在迷雾中，无线电导航救援人员及时赶到，救出1700名遇难旅客和船员。

1912年4月11日，英国白星轮船公司建造的一艘最大、最豪华的"泰坦尼克"号在英国南安普敦港下水，开始了横渡大西洋的首次航行。这只船是当时世界上最大的一艘邮船，排水量46000吨，总长267米，船上装备了最新式的机器，号称"永不沉没"。

"泰坦尼克"号载着2000多人，向美国纽约驶去，邮船的设计师安德鲁和公司董事长也随船同行。

20世纪初，世界上最豪华的游轮——"泰坦尼克"号因撞上冰山而沉没。

4月14日，"泰坦尼克"号驶进了纽芬兰南边的海洋。11时40分，"泰坦尼克"号与前方的一座冰山相撞。史密斯船长立即命令报务员菲利普发出求救信号，远在136海里的一艘德国船收到了信号；距出事地点58海里的从纽约开来的"卡尔帕夏"号也收到了信号；但近在10海里的"加利福尼亚人"号因为报务员擅离职守却没有收到信号。

随着时间一分一秒的流逝，"泰坦尼克"号也在不断地下沉。全船有2000多人，但救生艇只能容160多人。在这生死关头，船长史密斯和船员表现出大无畏的自我牺牲精神，报务员菲利普也一直坚守在收电报机前与赶来援救的船只进行联络。但随着"泰坦尼克"号的不停下沉，信号也愈来愈微弱了。在最后的时刻，史密斯船长命令菲利普离开，但他依然坚守在收电报机前。4月15日凌晨2时，菲利普发出了最后一份电报"尽力赶来——立即来——机房就要淹没了。"2时20分，菲利普随船长史密斯和设计师安德鲁一起同"泰坦尼克"号沉没了。黎明，"卡尔帕夏"号在收到无线电求救信号的4小时之后赶到现场，但1500多人已遇难，只救了幸存的705名旅客。

"泰坦尼克"号的失事惨剧震惊了世界，也再次证实了无线电在航海事业中不可估量的作用。1913年，在伦敦召开了海上生命安全国际会议，规定5000吨以上的轮船必须安装无线电收电报机，24小时都必须有人值班。

由于无线电通信为海上生命安全提供了保障，因此越来越被人们重视。

【"无线电之父"】

早在 1902 年时，马可尼就开始再次改进检波器并研制成水平方向的天线，使通信系统的效率大为改进。1910 年，无线电已经可以穿过 9600 千米了。

就在"泰坦尼克"号沉没的 1912 年，对马可尼来说也是一个多难之秋。在意大利的一次交通事故中，他的右眼受了重伤。医生们说，这会危及他左眼的健康，于是用手术摘除了右眼。几个月后，马可尼恢复了健康，就又继续投入到研究无线电之中。这时，无线电技术已趋成熟，大量的远距离电台都得以建造。

1914 年，第一次世界大战爆发，无线电在英国被禁止，除非有官方许可。大战爆发前，马可尼—贝立尼—托西无线电定向在大雾天气寻找船只的发射系统首次试用成功。但由于战争的影响，马可尼回到了意大利。他积极参战，负责军队中的无线电报。1916 年，在大战中，马可尼发现较短波长的电波不但能增大信号强度，还可以减小敌方截听的可能。后来，马可尼实现了这一设想并使发射机功率增大了 100 倍。

1918 年，战争结束，马可尼开始用无线电传送人的声音。这年 9 月，他采用等幅波发射，在英国和澳大利亚之间传递了第一份无线电报。第二年，马可尼任意大利代表，参加了巴黎和会。这年之后，无线电波覆盖全球。

两年后，马可尼的母亲安妮，这位从未停止对儿子事业支持和鼓励的伟大母亲去世了，使马可尼一度陷入悲痛之中。

无线电在航海事业中的巨大作用，使马可尼得到很大的鼓舞。他曾说，他的发明能够营救海上众多的生命，是他一生中最大的幸福。

1920 年，马可尼为自己买了一艘"爱丽特拉"号游艇，作为他旅行中的

马可尼的"爱丽特拉"号游艇

实验室。从此,他后半生的科学研究一直都是在海上进行的。

这只"爱丽特拉"号游艇是 1904 年制造的,英国海军大将曾在第一次世界大战中用过。它用蒸汽机做动力,配备了 30 名船员,马可尼几乎可以航行到世界的任何地方。

在这艘有书房兼卧室的游艇上,尤其引人注目的是无线电实验室。马可尼曾说:"我热爱大海,它不仅可以把我在陆地上的烦恼带走,也可以让我在海上随心所欲地思索、研究和实验。"

在"爱丽特拉"号上,马可尼在大西洋上转播伦敦的节目,并且同世界各地的陆上电台进行联络。他的世界威望使他在远离公众的视野中没有消失,常常总有一些人到船上拜访他。在这些人中,有意大利、西班牙的君王、英国的乔治五世和玛丽皇后、政府官员和一些科学家等。在船上,来客可以直接和岸上的亲人通话。

1930 年 3 月 26 日,澳洲电气和无线电展览会开幕。远在 15000 千米外的马可尼从"爱丽特拉"号的游艇上用无线电话机同展览会通了话,最后又通过电磁波的信号点燃了大厅的 3000 多盏电灯。"爱丽特拉"号因此而闻名于世。

马可尼是一个积极的运动员,又是一个优秀的商人。他谦虚、持重而又随和,在科学研究中一丝不苟、从不向困难妥协。持之以恒的工作态度使他最终成了世人公认的"无线电之父"。

1905 年,31 岁的马可尼与阿特丽斯·奥布赖恩结婚。之后他们生有 3 个孩子,但到 1924 年,他们又离了婚。3 年后,马可尼与 23 岁的女伯爵玛丽亚·克里斯蒂娜·斯凯拉在罗马结了婚。他们住在"爱丽特拉"号的游艇上,并保留了波伦亚的格里福内别墅。1930 年,马可尼同妻子、女儿乘坐"爱丽特拉"号游艇环游世界,察看无线电站,所到之处受到了世界各国人民的热烈欢迎。

从 1920—1922 年两年间,马可尼又开始专心埋头于短波无线电的实验。他设计了一种用超短波束系统可以覆盖整个大英帝国的技术方案。4 年后的 1926 年,马可尼公司完成了这一宏大的工程。这之后,短波电台在南非、印度、澳大利亚、美国和南美等地开始陆续广播。

1926 年,在第一个无线电专利 30 周年纪念日这一天,马可尼重返故里,回到波伦亚。市民们兴奋地欢呼这位伟大的无线电发明人的归来,餐馆甚至还推出了"马可尼式

马可尼和他的助手在"爱丽特拉"号游艇的工作室里。

1933 年,马可尼和妻子斯凯拉及女儿的合影

实心面条"和"无线面团"等食品来迎接他。

在无线电事业上的成功使马可尼不但获得了诺贝尔奖，还博得许多国家的殊荣：美国的富兰克林奖章、俄国和西班牙的勋章；意大利授予他世袭侯爵的身份；教皇庇护十一世还向他签发了荣誉十字架。

1934 年 4 月 25 日，是马可尼 60 岁的生日，世界各地的贺电如雪片似的飞到他的实验室。为了纪念他伟大的贡献，国际海上无线电协会代表 50 个国家，把 4 月 25 日，命名为"世界海上无线电服务的马可尼日"。

马可尼一生终爱着无线电事业，直到生命的最后一刻。

各种奖赏和荣誉从世界各地向马可尼涌来，但他却依然默默地致力于无线电通信的普及。连年的海上奔波和艰苦的实验研究使马可尼的健康受到了很大的摧残。早在 1927 年，他就被医生确诊为心脏不好。在 20 世纪 30 年代，他也曾多次遭受突发的心脏病的折磨。虽然他一直留在"爱丽特拉"号上，不再出国巡察无线电站，但他仍带着病痛坚持电波的研究工作。在研究中，马可尼病倒了。1937 年 7 月 20 日清晨，这位伟大的发明家去世了，享年 63 岁。马可尼逝世的噩耗通过电波传遍了全球，全世界的人们都在哀悼这位发明无线电的巨人。这一天，意大利政府为马可尼举行了国葬，成千上万的人都参加了葬礼，为了表达对他的崇敬和哀悼，全世界的无线电站同时沉默了 2 分钟。

1894 年马可尼在格里福内别墅开始无线电实验时，全世界的无线电事业正处在摇篮时代，当他 43 年后离开人间的时候，无线电已经遍布全球。马可尼完成了他年轻时让无线电台布满全球的雄心壮志，正是他的这种雄心壮志和为这个雄心壮志牺牲的精神，在人类无线电发明史上画上了辉煌的一笔！

大事年表

1874 年	4 月 25 日,古列尔莫·马可尼出生于意大利的波伦亚。
1886 年	开始接受正规教育。
1887 年	进入里窝那技术学院学习物理和化学。
1894 年	在格里福内别墅的阁楼上开始无线电实验。
1895 年	发明散屑器。电波穿越 2.7 千米的距离,接收机上清晰地显示了莫尔斯电码。
1896 年	马可尼前往英国,寻求资助。在伦敦第一次公开无线电装置的实验。申请了发明无线电的专利。
1897 年	马可尼无线电报通信公司成立。
1898 年	爱尔兰的《每日快报》成为第一个用无线电发送新闻的报纸。
1899 年	无线电穿越英吉利海峡,英法两国间第一次进行无线电联络。
1901 年	无线电信号成功飞越大西洋,从英国传到了加拿大。
1902 年	父亲盖斯普·马可尼去世。
1905 年	与阿特丽斯·奥布赖恩结婚。
1909 年	与德国科学家卡尔·布劳恩一起荣获诺贝尔物理学奖。
1912 年	"泰坦尼克"号沉没,无线电信号拯救了 700 多名遇难者的生命。右眼睛失明。
1937 年	7 月 20 日,古列尔莫·马可尼去世,享年 63 岁。

冯·诺依曼

von Neumann

　　回顾20世纪科学技术的辉煌发展时，我们不能不提及20世纪最杰出的数学家之一的约翰·冯·诺依曼。

　　冯·诺依曼是美籍匈牙利人，父亲是一个银行家，家境富裕，冯·诺依曼因此受到了良好的教育。他在数学、物理、经济学以及计算机等诸多领域，都作出了开创性的贡献。在计算机的发明过程中，冯·诺依曼起到关键性作用，他提出了现代电脑的体系结构，对计算机的发展产生了深远的意义，因此被西方人誉为"计算机之父"。

【天才少年】

19 03 年 12 月 28 日，在匈牙利布达佩斯市的一个富裕的犹太人家庭，诞生了一个婴儿，他就是后来被誉为"计算机之父"的约翰·冯·诺依曼。

古老而美丽的布达佩斯坐落在蓝色的多瑙河畔，自古以来被誉为"多瑙河上的明珠"。多瑙河静静地流淌，将城市一分为二，河西岸称为布达，东岸称为佩斯。热闹繁华的佩斯是行政商业和文化中心，国会大厦及政府机构大都集中在这里；布达依山而建，林木苍翠，这里有富丽堂皇的王宫，建筑精致的渔人堡，以及大教堂等著名建筑群。

世纪之交，布达佩斯成为欧洲第六大城市，银行家、商人、艺术家和知识分子云集于此。此后，这里相继诞生了一批伟大的天才人物，如氢弹之父爱德华·特勒、超音速飞机之父西冯·卡门、核物理学家西拉德等，其中，就包括冯·诺依曼。

匈牙利自 1867 年从奥地利获得一定程度的独立性之后，工业时代的机器和资本主义机制开始发挥巨大作用，财力的雄厚加上贵族权力的保留，使得社会极度重视教育体制。当时，匈牙利的中学教育体制相当强大。中学教师尤其是高中教师的水平和地位非常高，丝毫不亚于贵族。而这批伟大人物无一不是在匈牙利完成的中学学业，并基本上在中学阶段就奠定了一生的发展方向。

冯·诺依曼的父亲麦克斯是一个银行家，机智而又善于经营，他十分注意对孩子的教育。冯·诺依曼的母亲，贤惠温顺，受过良好的教育。冯·诺伊曼从小就显示出数学天才，关于他的童年有不少传说。他兴趣广泛，读书过目不忘，在吸收知识和解题方面具有惊人的

童年时期的冯·诺依曼聪颖过人，是人们眼中的神童。

布达佩斯。20 世纪初，冯·诺依曼出生在这个美丽的城市。

速度。据说，他 6 岁时就能心算做八位数乘除法，并能用古希腊语同父亲闲谈。一生之中，他掌握了七种语言，其中最擅长德语，在他用德语思考种种设想时，又能以阅读的速度译成英语。8 岁时，冯·诺依曼学到了微积分，12 岁就读懂领会了波莱尔的大作《函数论》要义。其非凡的学习能力，使那些曾经教过他的老师惊诧不已。

1914 年夏天，11 岁的冯·诺依曼被送进一所正规学校就读。同年 7 月 28 日，奥匈帝国向塞尔维亚宣战，此后不久，两个国家之间的战争迅速演变为世界大战，34 个国家约 15 亿人被卷入战争。第一次世界大战的序幕由此揭开。

由于战争动乱连年不断，冯·诺依曼全家曾多次离开匈牙利。但这丝毫没有影响冯·诺依曼的学业。还不到一个学期，数学老师就告诉冯·诺依曼的父亲，自己的数学水平已远不能满足他儿子的需要，但是他可以给冯·诺依曼推荐一位布达佩斯大学的数学教授。

冯·诺依曼的父亲一听大喜过望，于是让儿子一面在学校跟班读书，一面由布达佩斯大学教授为儿子辅导。然而，这种状况也没能维持几年，冯·诺依曼很快又超过了大学教授，他居然把学习的触角伸进了当时最新数学分支——集合论与泛函分析，同时还阅读了大量历史和文学方面的书籍。毕业前夕，冯·诺依曼与数学教授联名发表了他第一篇数学论文，这时，他还不到 18 岁。这时，他已被大家当做数学家了。

17 世纪，英国大科学家牛顿和德国数学家莱布尼茨在前人研究的基础上，分别在自己的国度里独自研究和完成了微积分的创立工作。几百年来，它一直是高等学府的教学内容，而冯·诺依曼在很小的时候就开始接触到了微积分。

年轻的教授

中学毕业的其后四年间，冯·诺依曼在布达佩斯大学注册为数学方面的学生，但并不听课，只是每年按时参加考试。他的足迹遍布欧洲各地。1921 年，冯·诺依曼进入柏林大学学习。两年后，他又进入瑞士苏黎世联邦工业大学学习化学。1926 年，23 岁的冯·诺依曼获得化学工程师资质。一年之后，轻而易举摘取布达佩斯大学数学博士学位。

冯·诺依曼的这种不参加听课只参加考试的求学方式，当时是非常特殊的，就整个欧洲来说也是完全不合规则的。但是这不合规则的学习方法，却又非常适合冯·诺依曼。

弗里茨·哈伯，德国著名化学家，在担任洪堡大学教授期间因研制合成氨而获得 1918 年诺贝尔化学奖。

30 岁不到的冯·诺依曼早已名声在外，结识了许多数学界的知名人士。

一次下午茶会之际，冯·诺依曼和他的学生在讨论数学问题。

冯·诺依曼在柏林大学学习期间，曾得到德国著名的化学家弗里茨·哈伯的悉心栽培。

逗留苏黎世期间，冯·诺依曼常常利用空余时间研读数学、写文章和数学家通信。这时，冯·诺依曼受到了德国数学家希尔伯特的思想影响，开始研究数理逻辑。当结束学生时代的时候，冯·诺依曼已经漫步在数学、物理、化学三个领域的某些前沿。

1926 年春天，冯·诺依曼到哥廷根大学任希尔伯特的助手。1927—1929 年，他在柏林大学任兼职讲师，期间发表了集合论、代数和量子理论方面的论文。这时，冯·诺依曼在数学基础和集合论方面的工作已经很有名气。

"机遇只偏爱有准备的头脑"。1928 年，美国数学泰斗、普林斯顿高级研究院维伯伦教授广罗天下之英才，一封聘书寄给了柏林大学这位无薪讲师，请他去美国讲授"量子力学理论课"。

冯·诺依曼预料到未来科学的发展中心即将西移，欣然同意赴美国任教。1930 年，27 岁的冯·诺依曼成为普林斯顿大学的客座讲师。1933 年，他又与爱因斯坦一起，被聘为普林斯顿大学高等研究院第一批终身教授，而当时 30 岁的冯·诺依曼是 6 名大师中最年轻的一个。

在高等研究院初创时间，欧洲来访者会发现，这里集中了有史以来最多的有数学和物理头脑的人才。在这里，充满着一种极好的不拘礼节的、浓厚的研究风气。教授们的办公室设置在大学的"优美大厦"里，生活安定，思想活跃，高质量的研究成果层出不穷。冯·诺依曼终于找到了发挥自己才干的沃土，此后，他在这里工作了一生。

1930 年，冯·诺依曼与玛丽达·柯维斯步入婚姻的殿堂。1935 年，他们的女儿玛丽娜出生。但是，这是一次失败的婚姻。1938 年，冯·诺依曼又与克拉拉·丹结婚。克拉拉随冯·诺依曼学数学，后来成为优秀的程序编制家。冯·诺依曼家里常常举办时间持续很长的社交聚会，前来聚会的大多都是当时科学界的一流人物。冯·诺依曼殷勤好客，在那里人人都会感到一种聪慧的气氛。

一次，在一个数学聚会上，一个年轻人兴冲冲地找到冯·诺依曼，向冯·诺依曼求教一个问题。冯·诺依曼看了看，就很快报出了正确答案。年轻人高兴地请求冯·诺依曼告诉自己简便方法，并抱怨其他数学家用无穷级数求解的烦琐。冯·诺依曼却微微一笑，说："你误会了，我正是用无穷级数求出的。"

"超级高速计算机"

头脑灵活，思维敏锐的冯·诺依曼给他的同事留下了深刻的印象。他们评价说："你看，约翰的确不是凡人，但在同人们长期共同生活之后，他也学会了怎样出色地去模仿世人。"

冯·诺依曼的思维极快，几乎在别人才说出头几句话时，就立即了解到对方最后的观点。天才出于勤奋，他每天工作到很晚才入睡，也常常因刻苦钻研而神魂颠倒，闹出一些笑话来。

据说有一天，冯·诺依曼心神不定地被同事拉上了牌桌。他一边打牌，一边还在想他的课题，于是，输掉了 10 元钱。这位同事也是个数学家，事后，他想要捉弄一下冯·诺依曼，便用赢得的 5 元钱，购买了一本冯·诺依曼撰写的《博弈论与经济行为》，并把剩下的 5 元贴在书的封面，以表明他"战胜"了这位"赌博经济理论家"。

关于冯·诺依曼有很多逸闻趣事，还有一则说的是有几个青年数学家聚在一起切磋一个数学难题，百思不得其解。于是，有个数学家便把台式计算器带回家继续演算。

第二天清晨，这个数学家眼圈黑黑，面带倦容走进办公室，非常得意地对大家炫耀说："我从昨天晚上一直算到凌晨 4 点 30 分，总算找到那道难题的 5 种特殊解答，真是一个比一个难！"就在这时，冯·诺依曼推门进来，"什么难？"大家都想见识一下教授的"神算"本领，便把题目告诉了冯·诺依曼。冯·诺依曼兴致很高，并很快镇静下来，进入了沉思。5 分钟后，冯·诺依曼说出了前 4 种解答。当他正在沉思第 5 种解答的时候，青年数学家再也忍不住了，情不自禁脱口讲出答案。过了 1 分钟，冯·诺依曼才对青年数学家说："你算得对！"

那位数学家怀着崇敬的心情离去，其他人也都佩服得五体投地，冯·诺依曼教授的头脑简直就是一台"超高速计算

在经济学领域，1944 年冯·诺伊曼与奥斯卡·摩根施特恩合著的巨作《博弈论与经济行为》出版，标志着现代系统博弈理论的初步形成。他被称为"博弈论之父"。博弈论被认为是 20 世纪经济学最伟大的成果之一。

机"。但是这时，冯·诺依曼仍然呆呆地陷入思索。大家都觉得很奇怪，便问他。冯·诺依曼不安地回答说："我在想，他究竟用的是什么方法，这么快就算出了答案。"他的话刚一说完，大家都哈哈大笑起来："他是用台式计算器算了整整一个夜晚啊！"冯·诺依曼一愣，顿时明白了大家的意思，也跟着开怀大笑起来。

莫尔小组

19 37年，冯·诺依曼加入了美国国籍，成为美国公民。

三年后的1940年，是冯·诺依曼科学生涯的一个转换点。在此之前，他是一位通晓物理学、登峰造极的纯粹数学家；此后，他则成了一位牢固掌握纯粹数学的出神入化的应用数学家。他开始关注当时把数学应用于物理领域去的最主要工具——偏微分方程。研究的同时他还不断创新，把非古典数学应用到两个新领域：对策论和电子计算机。

冯·诺依曼的这个转变一方面来自他长期对数学物理问题的钟情；另一方面来自当时社会的需要。

冯·诺依曼对科学做出最大贡献的是计算机领域。虽然举世公认的第一台电子计算机 ENIAC 是莫契利和埃克特发明研究的。但"电子计算机之父"的桂冠却被戴在冯·诺依曼头上，而不是 ENIAC 的两位实际研究者。主要就是因为冯·诺依曼提出了现代电脑的体系结构。

1943年，二次世界大战关键时期，

莫契利（左）、埃克特（中）与戈德斯坦在一起的工作合影。

战争需要像一只有力的巨手，给电脑的诞生铺平了道路。第一台电子计算机 ENIAC 就诞生在战火纷飞的第二次世界大战，它的"出生地"是美国马里兰州阿贝丁陆军试炮场。

美国陆军军械部派青年军官戈德斯坦中尉从宾夕法尼亚大学莫尔电气工程学院召集来一批研究人员，帮助计算弹道表。戈德斯坦本人就是数学家，战前在密歇根大学任数学助理教授。莫尔学院的两位青年学者——36 岁的副教授莫契利和 24 岁的工程师埃克特，向戈德斯坦提交了一份研制电子计算机的设计方案——"高速电子管计算装置的使用"，他们建议用电子管为主要元件，制造一台前所未有的计算机，把弹道计算的效率提高成百上千倍。

1944 年夏，戈德斯坦在阿贝丁车站等候去费城的火车，偶然邂逅冯·诺依曼教授。戈德斯坦抓住机会向数学大师讨教，冯·诺依曼耐心地回答戈德斯坦的提问。他敏锐地察觉到，这是一件不寻常的事情。冯·诺依曼反过来向戈德斯坦发问，直问得年轻人"好像又经历了一次博士论文答辩"。最后，戈德斯坦毫不隐瞒地告诉他莫尔学院的电子计算机项目。

冯·诺依曼真的被震惊了，随即又感到极其兴奋。从1940 年起，冯·诺依曼就是阿贝丁试炮场的顾问，同样的计算问题也曾使数学大师焦虑万分。他迫不及待地向戈德斯坦表示，希望亲自到莫尔学院看看那台正在研制之中的机器。多年后，戈德斯坦回忆说："当他看到我们正在进行的一件工作时，他就跳到电子计算机旁。"

莫契利和埃克特高兴地等待着冯·诺依曼的来访，他们也迫切希望得到这位著名学者的指导，但同时又有点儿怀疑。埃克特对莫契利说道："你只要听听他提的第一个问题，就能判断出冯·诺依曼是不是真正的天才。"

这年 8 月，冯·诺依曼风尘仆仆地赶到了莫尔学院的试验基地，马不停蹄地约见攻关小组成员。当冯·诺依曼首先问及机器的逻辑结构时，埃克特与莫契利两人心照不宣地笑了，他们一下子被这位大科学家的睿智所折服。

此后，冯·诺依曼成为莫尔学院电子计算机攻关小组的实际顾问，与小组成员频繁地交换意见。年轻人机敏地提出各种设想，冯·诺依曼则运用他渊博的学识把讨论引向深入，逐步形成电子计算机的系统设计思想。冯·诺依曼以其厚实的科技功底、极强的综合能力与青年们结合，极

冯·诺依曼加入莫尔小组后，世界上第一台电子计算机 ENIAC 很快就被研制出来。ENIAC 宣告了一个新时代的开始。从此，科学计算的大门被打开了。

虽然 ENIAC 体积庞大，耗电惊人，运算速度也不过几千次（现在的超级计算机的速度最快每秒运算达万亿次），但比起当时已有的计算装置则要先进得多。

大地提高了莫尔小组的整体水平，使莫尔小组至今依然是科学界令人敬慕的科研组织典范。

莫尔学院研制小组是一个朝气蓬勃的跨学科攻关小组，在科技史上留下了敢冒风险、敢于取胜的美名。小组成员包括30多名物理学家、数学家和工程师。其中，戈德斯坦在科研组织方面表现出杰出的才干，负责协调项目进展。发挥主要作用的是莫契利和埃克特，及一位名叫勃克斯的工程师。

1946年2月14日，世界上第一台电子计算机研制成功。这台机器的名字叫"ENIAC"（埃历阿克），即"电子数值积分和计算机"的英文缩写，它采用穿孔卡输入输出数据，每分钟可以输入125张卡片，输出100张卡片。

机器被安装在一排2.75米高的金属柜里，占地面积约为170平方米，总重量达到30吨。在ENIAC内部，总共安装了17468只电子管，7200个二极管，70000多电阻器，10000多只电容器和6000只继电器，电路的焊接点多达50万个；在机器表面，则布满电表、电线和指示灯。

ENIAC的运算速度达到每秒钟5000次加法，可以在3/1000秒时间内做完两个10位数乘法。一条炮弹的轨迹，20秒钟就能被它算完，比炮弹本身的飞行速度还要快。

冯·诺依曼（左二）和ENIAC研究小组成员在一起。

电子计算机之父

虽然 ENIAC 计算机获得巨大的成功，但它最致命的缺点是程序与计算两分离。指挥 1.7 万个电子管"开关"工作的程序指令，被存放在机器的外部电路里。需要计算某个题目前，必须把数百条线路用手接通，像电话接线员那样工作几小时甚至好几天，才能进行几分钟运算。

在 ENIAC 尚未投入运行前，冯·诺依曼就已看出这台机器致命的缺陷——程序与计算两分离的主要弊端。他决定对电子计算机进行脱胎换骨的改造。短短 10 个月，冯·诺依曼就起草了一份新的报告，他把新机器的方案命名为"离散变量自动电子计算机"，英文缩写为"EDVAC"。

1945 年 6 月，冯·诺依曼与戈德斯坦、勃克斯等人，以"关于 EDVAC 的报告草案"为题，联名发表了一篇长达 101 页纸的报告，即计算机史上著名的"101 页报告"。报告广泛而具体地介绍了制造电子计算机和程序设计的新思想，它的发表一下子轰动了整个数学界，就连一向专搞理论研究的普林斯顿大学高等研究院也因此批准让冯·诺依曼开始致力于建造计算机。

在报告中，冯·诺依曼明确规定出计算机的五大部件：运算器、逻辑控制器、存储器、输入设备和输出设备，并描述了五大部件的功能和相互关系。

EDVAC 机还有两个非常重大的改进，即：

首先，冯·诺依曼建立了存储程序，指令和数据便可一起放在存储器里，并作同样处理。这是一个伟大的杰作，程序设计员只需要在存储器中寻找运算指令，机器就会自行一条接着一条地依次执行指令，再也不必去接通那么多庞杂的线路。这样就不必每个问题都重新编程，从而大大加快了运算进程。

另一个伟大的设计思想是采用二进制。冯·诺依曼根据电子元件双稳工作的特点，建议在电子计算机中采用二进制，以充分发挥电子器件的工作特点，使结构紧凑且更通用化。报告提到了二进制的优点，并预言，二进制的采用将大大简化机器的逻辑线路。

实践证明了诺伊曼预言的正确性。如今，逻辑代数的应用已成为设计电子计算机的重要手段，在 EDVAC 中采用的主要逻辑线路也一直沿用着，只是对实现逻辑线路的工程方法和逻辑电路的分析方法作了改进。

但是，就在第二次世界大战结束后，莫尔小组发生令人痛惜的分裂，EDVAC 机器的研制被终止了。

1946 年 6 月，冯·诺依曼和戈德斯坦、勃克斯回到普林斯顿大学高等研究院，完成了另一台 ISA 电子计算机（ISA

1951 年，EDVAC 计算机宣告完成。图为冯·诺依曼和他的 EDVAC 计算机。

EDVAC 在性能上比 ENIAC 优先得多。

冯·诺依曼和美国物理学家罗伯特·奥本海默在一起。

是高级研究院的英文缩写）。

冯·诺依曼的归来，一向冷冷清清的研究院沸腾了，大批专业人才仰慕他的大名，纷至沓来，使普林斯顿高级研究院一时间成为美国电子计算机的研究中心。

此后，全世界掀起了一股"计算机热"，它们的综合设计思想，便是著名的"冯·诺依曼机"，其中心就是有存储程序原则——指令和数据一起存储。这一概念已成为电子计算机设计的基本原则，被认为是计算机发展史上一个划时代的文献。它向世界宣告：电子计算机的时代开始了！

在普林斯顿研究院，冯·诺依曼趁热打铁，着手将他那 101 页计算机方案付诸实施。在极端保密的情况下，直到 1951 年，这台凝聚着冯·诺依曼多年心血的 EDVAC 计算机终于面世，它不仅可应用于科学计算，而且可用于信息检索等领域，主要缘于"存储程序"的威力，效率比 ENIAC 提高数百倍。EDVAC 只用了 3563 只电子管和 1 万只晶体二极管，以 1024 个水银延迟线来储存程序和数据，消耗电力和占地面积只有 ENIAC 的 1/3。

自冯·诺依曼设计的 EDVAC 计算机开始，直到今天我们用"奔腾"芯片制作的多媒体计算机为止，一代代计算机都没有能够跳出"冯·诺依曼机"的结构，从这个意义上讲，他是当之无愧的"电子计算机之父"。

【生命的最后】

事实上，最早问世的内储程序式计算机既不是 ISA，也不是 EDVAC，而是英国剑桥大学威尔克斯教授研制的计算机，抢在冯·诺依曼之前捷足先登。威尔克斯 1946 年曾到宾夕法尼亚大学参加冯·诺依曼主持的培训班，完全接受了冯·诺依曼内储程序的设计思想。回国后，他立即抓紧时间，主持新型电脑的研制，并于 1949 年 5 月，制成了一台由 3000 只电子管为主要元件的计算机，命名为"EDSAC"（电子储存程序计算机）。威尔克斯后来还摘取了

1967 年度计算机世界最高奖——"图林奖"。

在冯·诺依曼研制 ISA 电脑的期间，美国涌现了一批按照普林斯顿大学提供的 ISA 照片结构复制的计算机。如：洛斯阿拉莫斯国家实验室研制的 MANIAC，伊利诺斯大学制造的 ILLAC。雷明顿·兰德公司科学家沃尔甚至不顾冯·诺依曼的反对，把他研制的机器命名为 JOHNIAC（"约翰尼克"，"约翰"即冯·诺依曼的名字）。冯·诺依曼的大名已经成为现代电脑的代名词。1994 年，沃尔被授予计算机科学先驱奖，而冯·诺依曼本人则被追授予美国国家基础科学奖。

此后，冯·诺依曼还积极参与了推广应用计算机的工作，对如何编制程序及搞数值计算都做出了杰出的贡献。一生之中，他获得了数不清的奖项。1947 年，冯·诺依曼获得美国总统的功勋奖章、美国海军优秀公民服务奖；1956 年，他又获得美国总统的自由奖章和爱因斯坦纪念奖以及费米奖。

在生命的最后几年，冯·诺依曼的思想仍很活跃，他综合早年对逻辑研究的成果和关于计算机的工作，把眼界扩展到一般自动机理论。他以特有的胆识进击最为复杂的问题：怎样使用不可靠元件去设计可靠的自动机，以及建造自己能再生产的自动机。冯·诺依曼从中意识到计算机和人脑机制的某些类似。

冯·诺依曼的健康状况一直很好，可是 1954 年，冯·诺依曼的右肩受伤，医生在为他做手术时，发现他患有骨癌。但是，他依然没有停止思考，依旧奋斗不息。治疗期间，依然参加每周三次的原子能委员会会议，甚至美国国防部长，陆、海、空三军参谋长聚集在病房开会。

1957 年 2 月 8 日，冯·诺依曼没有来得及写完那篇关于用电脑模拟人类语言的讲稿，就在美华盛顿德里医院与世长辞，年仅 54 岁。在冯·诺依曼去世后，有人以《计算机和人脑》的名字，出了单行本。尽管这是未完成的著作，但是他对人脑和计算机系统的精确分析和比较后所得到的一些定量成果，仍不失其重要的学术价值。毋庸置疑，冯·诺依曼是电脑发展史上最有影响的一代伟人。

冯·诺依曼的多年老友，原子能委员会主席斯特劳斯曾对冯·诺依曼做过这样的评价：他有一种使人望尘莫及的能力，最困难的问题到他手里，都会被分解成一件件看起来十分简单的事情……随着人工智能和神经网络计算机的发展，"诺依曼机"一统天下的格局已经被打破，但冯·诺依曼对于发展电脑做出的巨大功绩，永远也不会因此而泯灭！

1903 年	12 月 28 日,约翰·冯·诺依曼出生在匈牙利布达佩斯市一个富裕的家庭。
1914 年	被送进一所正规学校就读。
1921 年	进入柏林大学学习。
1923 年	进入瑞士苏黎世联邦工业大学学习化学。
1926 年	到哥廷根大学任希尔伯特的助手。
1927 年	获得布达佩斯大学数学博士学位。
1927—1929 年	在柏林大学任兼职讲师。
1930 年	成为普林斯顿大学的客座讲师。
1933 年	与爱因斯坦一起,被聘为普林斯顿大学高等研究院第一批终身教授。
1937 年	加入了美国国籍。
1940 年	成为阿贝丁试炮场的顾问。
1945 年	与戈德斯坦、勃克斯等人,联名发表计算机史上著名的"101 页报告"。
1946 年	2 月 14 日,世界上第一台电子计算机——ENIAC 研制成功。
1947 年	获得美国总统的功勋奖章、美国海军优秀公民服务奖。
1951 年	凝聚着冯·诺依曼多年心血的 EDVAC 计算机终于面世,效率比 ENIAC 提高数百倍。
1954 年	诊断为骨癌。
1956 年	获得美国总统的自由奖章和爱因斯坦纪念奖以及费米奖。
1957 年	2 月 8 日,在美华盛顿德里医院与世长辞,年仅 54 岁。